Das kleine Handbuch der Rhetorik 2100

Wahrnehmung verzerren

Ich glaub' nur, was ich sehe

Horst Hanisch

© Zweite Auflage: 2019 by Horst Hanisch, Bonn

© Erste Auflage: 2017 by Horst Hanisch, Bonn

Bibliografische Information der Deutschen Nationalbibliothek: Die Deutsche Nationalbibliothek verzeichnet diese Publikation in der Deutschen Nationalbibliografie; detaillierte bibliografische Daten sind im Internet über dnb.dnb.de abrufbar.

Der Text dieses Buches entspricht der neuen deutschen Rechtschreibung.

Aus Gründen der einfacheren Lesbarkeit wird auf das geschlechtsneutrale Differenzieren, zum Beispiel Mitarbeiter/Mitarbeiterin weitestgehend verzichtet. Entsprechende Begriffe gelten im Sinne der Gleichbehandlung für alle Geschlechter.

Idee und Entwurf: Horst Hanisch, Bonn

Lektorat: Alfred Hanisch, Bonn; Annelie Möskes, Bornheim

Buchsatz: Guido Lokietek, Aachen; Horst Hanisch, Bonn

Umschlag: Christian Spatz, engine-productions, Köln; Horst Hanisch, Bonn

Zeichnungen: Horst Hanisch, Bonn

Herstellung und Verlag: BOD – Books on Demand GmbH, Norderstedt

ISBN: 978-3-7448-3964-8

Das kleine Handbuch der Rhetorik [2100]

Wahrnehmung verzerren

Ich glaub' nur, was ich sehe

Inhaltsverzeichnis

Einleitung

„Ich glaub' nur, was ich sehe"

Kennen Sie das? Das kleine Kind ist beim Spielen gestolpert und hat sich am Knie einen unbedeutenden Kratzer zugezogen. Es schreit allerdings wie am Spieß. Tut es wirklich so weh?

Die Mutter weiß sich zu helfen. Sie zieht das Kind vertrauensvoll und tröstend an sich und haucht ihm ‚effekt-voll' aufs Knie. Wie von Zauberhand scheint der Schmerz verschwunden. Vielleicht schluchzt das Kind noch einmal auf – aber dann strahlt es schon wieder übers ganze Gesicht und rennt zum Weiterspielen davon.

Was ist geschehen? Nun, hier griff der Placebo-Effekt. Das Kind glaubt an die enormen (Zauber-)Kräfte der Eltern. Und wenn diese Kräfte eingesetzt werden, muss der Schmerz tatsächlich verschwinden – was er auch tut.

„Der Glaube versetzt Berge", wie der Volksmund richtig weiß. Diesen und viele weitere Effekte können Sie sich im gesellschaftlichen und beruflichen Umfeld zunutze machen. Tatsächlich wird beim Gegenüber der Effekt erzielt, den Sie wünschen. Nutzen Sie die Macht des Torschluss-Effekts, des Primary-Effekts, des Trichter-Effekts und vieler weiterer.

Stimmt immer alles nur, wenn es sichtbar ist?

Glauben Sie an die Kraft der Effekte, die es schaffen, die eigene Wahrnehmung zu verzerren.

Praxisnah, zeitgemäß und kompakt. Das sind drei interne Vorgaben für unsere Rhetorik-Ratgeber. In unserer Reihe der kleinen Rhetorik-Handbücher wird jeweils ein wesentlicher Teil aus dem umfangreichen Bereich der Rhetorik kompakt vorgestellt.

Die Themenbereiche sind beispielsweise den Büchern ‚Das große Buch der Rhetorik ^{2100}' oder ‚Trickreiche Rhetorik ^{2100}' vom selben Autor entnommen. Die Zahl 2100 steht dabei für das 21. Jahrhundert, was die Aktualität der Themen unterstreicht. Diese entsprechen den heutigen Anforderungen im beruflichen Umgang miteinander.

Im vorliegenden Ratgeber „Rhetorik – Wahrnehmung verzerren" wird schwerpunktmäßig auf folgende Themen eingegangen:

- Effektvoll handeln und den Zuhörer lenken
- Wissensvorsprung und Macht durch den Einsatz von Effekten
- Konformität und Gruppenzwang

Viel Erfolg bei der Vertiefung bestehenden Wissens und erfolgreichen Einsatz im Berufsleben.

Teil 1 – Effektvoll handeln und den Zuhörer lenken

Effekthascherei oder tiefgreifende Psychologie?

„Das ist ja ein Phänomen"

In den vorliegenden Überlegungen werden wir uns dem Thema Effekte widmen. Dabei sind weder irgendwelche Bankvorgänge gemeint noch physikalische Effekte, sondern Phänomene, die wir im zwischenmenschlichen Zusammenleben beobachten können.

Phänomen

Das Phänomen des Phänomens (erlauben Sie diese kleine Wortspielerei) war schon den alten Griechen geläufig. Sie kannten es unter dem Namen ‚fainómenon‘. Gebraucht wurde das Wort für etwas ‚Erscheinendes‘.

Ein Erscheinen, das mit einem der menschlichen Sinne wahrzunehmen ist. Der Glaube spielt hier keine Rolle, obwohl sich manches Phänomen sicherlich als Wunder bezeichnen ließe.

Der Volksmund verrät durch die Aussage „Der Glaube versetzt Berge" die unheimliche Kraft des Glaubens, wie bereits im Einleitungstext erwähnt.

Tatsächlich werden wir bei dem einen oder anderen beschriebenen Effekt im zweiten Teil des Handbuchs den Eindruck gewinnen können, der Glaube habe seine Hand im Spiel. Allerdings nicht im religiösen Sinne.

Jedenfalls wird immer eine Beobachtung im Verhalten von Menschen zu bemerken sein, das uns manchmal nicht mehr rational erklärbar erscheint.

Effekt

Wenden wir uns nun den alten Römern zu, die für die Herkunft des Wortes Effekt herhalten dürfen. Sie kannten damals das Wort ‚effectus‘, das sich mit ‚Wirkung‘ oder auch als ‚Erfolg‘ übersetzen lässt.

Weiter ist im Wort Effekt ‚efficere‘ gleich ‚bewirken‘ und ‚hervorrufen‘ versteckt. Ein Effekt bewirkt also etwas. Ja – er ruft das Verhalten eines Menschen hervor. Ohne diesen Effekt gäbe es keine Verhaltensänderung.

Wahrnehmung

Wir nehmen Informationen beziehungsweise Reize über die fünf Sinne Sehen, Hören, Schmecken, Riechen und Tasten wahr. Dabei wird beispielsweise der Gleichgewichtssinn nicht berücksichtigt.

Verfügt jemand über einen 7. Sinn, scheint er eine Art übersinnliche Wahrnehmung zu besitzen, für die es keine wissenschaftliche Erklärung gibt. So spürt möglicherweise jemand die Blicke eines Fremden im Rücken, ohne diesen zu hören oder zu sehen. Lassen wir deshalb diesen 7. Sinn außen vor, da unsere Effekte erklärbar sind.

Scharf, schärfer am schärfsten

Irrtümlicherweise meinen viele Menschen, dass ihre Wahrnehmung mit denen anderer Menschen identisch sei. Das ist bei weitem nicht so. Bekanntlich wimmelt es in unserer Sprache nur so von möglichen Mehrdeutigkeiten.

Was bedeutet beispielsweise ‚scharf'?

Streng gewürzt, kristallklares Bild, angriffslustiger Hund, reizende Frau, des Messers Schneide, gerade noch davongekommen, extreme Straßenkurve, hochintelligentes Denken, spitzer Winkel, beißender Geruch, grelles Licht, einsatzbereite Munition, knallhartes Feedback, ausgefallenes Kleidungsteil, verbaler Angriff und der Buchstabe ‚das scharfe S'. Unglaublich. Und das ist bestimmt noch nicht alles. Dieses eine Wort-Beispiel steht stellvertretend für viele andere.

Im Kontext, also im Zusammenhang mit ‚scharf' wird klarer, was gemeint ist.

Riesen und Zwerge

Auch mit Größe und Dimensionen ist es so etwas Undifferenziertes.

Was bedeutet groß oder klein? Sehe ich einen 1,80 m großen Menschen direkt mir gegenüberstehen, stimmt die Größe ungefähr mit meiner Vorstellung von 180 cm überein. Sehe ich denselben Menschen in 100 m Entfernung, bilden sich auf der Netzhaut nicht 180 cm, sondern ein kleineres Bild. Zwischen Daumen und Zeigefinger ist der Mensch nun nur noch ein paar Zentimeter groß. Trotzdem fahre ich nicht erschrocken zusammen und fürchte, mein Gegenüber sei geschrumpft.

Nein, denn das menschliche Gehirn hat gelernt, dass ein entfernter Gegenstand kleiner wirkt als derselbe in unmittelbarer Nähe.

Das Gehirn kann diese Berechnungen aufgrund des Kontextes wahrnehmen.

Was befindet sich um den Entfernten?

Gibt es Merkmale, die zum Vergleich herangezogen werden können?

Hier werden Größenrelationen dargestellt, die im Hirn verarbeitet werden können. Wir gelangen zu der Erkenntnis, die oben beschriebene Person müsse etwa 1,80 m groß sein.

Ohne Bezugspunkte können die Berechnungen nicht stattfinden – wir kommen zu keiner vernünftigen Lösung.

Hier wird übrigens von Größenkonstanz gesprochen.

Wenn Sie in stockfinsterer Nacht eine unbekannte Lichtquelle wahrnehmen, ist es (ohne Bezugspunkt) für Sie unmöglich, die Entfernung korrekt zu bestimmen.

Formkonstanz

Was Sehen Sie hier?

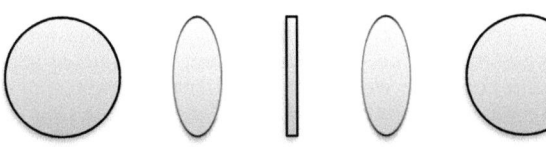

Möglicherweise 2 Kreise, 2 Ovale und ein schmales Rechteck in der Mitte.

Tatsächlich haben Sie fünf Momentaufnahmen einer sich drehenden Münze vor sich.

Links sehen Sie die Vorderseite, nun dreht sich die Münze – sie wirkt oval. Dann steht sie mit dem Rand zu Ihnen und bildet ein Rechteck.

Anschließend nimmt sie über das Oval zurück die Ausgangsform (diesmal die Rückseite der Münze) an.

Lassen Sie in einem Versuch eine Münze drehen, errechnet Ihr Gehirn trotzdem jedes Mal, dass die Münze rund ist – auch wenn sie anders auf der Netzhaut abgebildet wird.

Wahrnehmungs-Irritationen

Wir sehen also, dass wir uns auf die Wahrnehmung mithilfe unserer Sinne nicht immer eindeutig verlassen können. Glücklicherweise hilft uns unsere Neugierde, alles immer wieder zu hinterfragen, um dazuzulernen. Erahnen wir allerdings eine mögliche Wahrnehmungs-Irritation nicht, gibt es auch keinen Grund, nachzuforschen. Dann verhalten wir uns einfach so ‚wie wir denken, es richtig zu machen‘. Sagen wir mal: menschlich.

Wahrnehmung ausnutzen

Das hat Vorteile, da wir trotzdem leben können. Nachteile ergeben sich allerdings auch, da ein anderer unser Verhalten zu seinem Vorteil ausnutzen kann.

Wie das? Nun, derjenige, der bestimmte Wahrnehmungs-Verzerrungen erkennt, kann damit umgehen, da er die menschliche Reaktion einschätzen kann. Er gewinnt eine hohe Wahrscheinlichkeit der richtigen Vorhersage, wie sich ein Einzelner verhalten wird.

Im bildhaften Sinne gesprochen – ist das mit ein Grund, weshalb sich die Werbeindustrie die Finger bis unter die Achselhöhle leckt. Sie kann das Kaufverhalten des Kunden dirigieren. Denken Sie nur an gute Werbung, die verlockenden Greifartikel im Kassenbereich (vergleiche hierzu im zweiten Teil des Handbuchs den Torschluss-Effekt) – und nicht zuletzt die besondere Masche, dass nur noch heute und hier das letzte begehrte Stück käuflich zu erwerben ist. Welche Macht hat der Werbetreibende über den unbedarften Kunden!

Wahrnehmungs-Verzerrungen entlarven

In diesem Ratgeber bewegen wir uns in dem Bereich der Rhetorik, in der die Wahrnehmungs-Verzerrung nachvollziehbarerweise ebenso ‚voll‘ greift. Wer sich zu diesem Phänomen Gedanken macht, kann es schaffen, sich gegen die rhetorische Beeinflussung oder gar Manipulation des Gegenübers zu wehren.

Lassen Sie sich, liebe Leserin, lieber Leser darauf ein, tiefer in diesen Themenbereich abzutauchen. Erkennen Sie, wie sich Menschen ständig gegenseitig beeinflussen. Wie sie es schaffen, das Verhalten des einen so zu lenken, dass er das macht, was der andere will. Achten Sie darauf und kontrollieren Sie Ihre Wahrnehmung!

Psychologische Experimente mit Menschen

Ungefähr seit Ende des 19. Jahrhunderts interessieren sich Wissenschaftler intensiv dafür, wie sich Menschen in bestimmten Situationen verhalten – und natürlich auch weshalb.

Es wurden Experimente mit Tieren durchgeführt, wobei die mit Menschen interessanter erschienen, da mit ihnen anschließend über ihre Gefühle während des Experiments gesprochen werden konnte.

Manche Ergebnisse offenbaren fast unglaubliche Erkenntnisse über menschliches Verhalten in bestimmten Situationen.

Andere Ergebnisse erwirkten ein so starkes Eingreifen in die Psyche der Teilnehmer, dass diese noch jahrelang darunter litten. Aus heutiger Sicht sind Experimente mit Menschen deswegen gegebenenfalls verpönt oder moralisch infrage zu stellen.

Auch gleitet manchmal dem Versuchsleiter die Kontrolle des Experiments aus den Händen (vergleiche Stanford-Prison-Experiment), weil er sich unerwartet stark mit der ihm zugewiesenen Rolle identifiziert.

Um in den Experimenten an möglichst ‚saubere‘ Ergebnisse zu kommen, wird die Versuchsperson in der Regel im Unklaren gelassen, welches Ziel das Experiment anstrebt. Allerdings stellt sich manchmal heraus, dass auch der Versuchsleiter das Ergebnis (unbewusst) beeinflussen kann (vergleiche Ratten-Effekt im zweiten Buchteil).

Deshalb wird der Versuchsleiter gegebenenfalls über das tatsächliche Ziel des Experiments nicht informiert.

Unser Hauptaugenmerk liegt auf der Rhetorik, weshalb wir immer wieder den Bezug zu dieser herstellen wollen. Weiterhin ist wichtig, Erkenntnisse aus den Ergebnissen der Experimente zu ziehen, um diese in Gesprächs- oder Verkaufssituationen, wie auch als Führungskraft, entsprechend in Ihrem Sinn und in dem Ihres Unternehmens beziehungsweise Auftragsgebers einzusetzen.

Beginnen wir mit einem der bekanntesten Experimente, das in der Werbung eines Süßwarenherstellers werbeträchtig eingesetzt wird.

1. Experiment: Das Marshmallow-Experiment

Dieses Experiment wurde in den Jahren 1968 bis 1974 vom österreichischen Psychologen Walter Mischel (*1930) umgesetzt.

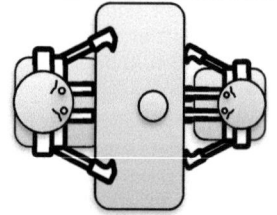

Versuchs-Teilnehmer:

1 Versuchsleiter und 1 Versuchsperson (in der Regel ein vierjähriges Kind).

Versuchs-Ziel: Bedeutung durch Belohnungs-Aufschub ermitteln.

Versuchs-Aufbau:

In einem Raum sitzt ein Kind am Tisch. Ein Versuchsleiter ist anfangs anwesend.

Versuchs-Ablauf:

Der Versuchsperson wird eine Süßigkeit (ein Marshmallow [eine Schaumzuckerware], weswegen das Experiment so heißt) auf den Tisch gestellt.

Der Versuchsleiter sagt, dass er vorübergehend den Raum verlassen müsse. Dem Kind wurden zwei Alternativen angeboten:

Erstens: Das Kind darf die Süßigkeit sofort essen.

Zweitens: Das Kind soll die Süßigkeit nicht essen und dafür nach Rückkehr des Versuchsleiters noch eine zweite Süßigkeit erhalten.

Versuchs-Ergebnis:

Es zeigte sich, dass einige Kinder die Süßigkeiten sofort aßen. Andere taten sich teilweise schwer, schafften es aber, die Süßigkeit so lange aufzubewahren, bis der Versuchsleiter zurückgekehrt war.

Kindern aus der zweiten Gruppe wurde akademischer, emotionaler und sozialer Erfolg vorausgesagt. Bei ihnen wurde angenommen, dass sie eine stabile Persönlichkeitseigenschaft zeigten.

Bei den Kindern der ersten Gruppe wurde Gegenteiliges angenommen.

Etwa 15 Jahre später wurden die Kinder noch einmal zu einem Gespräch eingeladen. Interessanterweise stellte sich heraus, dass die Kinder der damals zweiten Gruppe tatsächlich zielstrebiger, erfolgreicher, kompetenter in ihrem Leben waren. Sie waren seltener drogenabhängig als die Kinder der ersten Gruppe und sie konnten mit Rückschlägen besser umgehen.

Übrigens: In beiden Gruppen wurde eine ähnliche Intelligenz festgestellt. Diese spielte in diesem Experiment offensichtlich keine Rolle.

Transfer

Was bedeutet dieses Ergebnis für Sie, wenn Sie rhetorisch auftreten?

Offensichtlich schafften es die Kinder aus der zweiten Gruppe, ein erfolgreicheres und ausgefüllteres Leben zu führen als die Kinder der ersten Gruppe. Einem vierjährigen Kind kann diese Strategie beziehungsweise Überlebensweise natürlich noch nicht bekannt sein. Deshalb ist es auch schwierig zu wissen, weshalb sich das eine Kind so und das andere anders entschied. Hat es etwas mit der Erziehung zu tun oder ist die Verhaltensweise genetisch bedingt?

Immer mit der Ruhe

Wer es schafft, eine Belohnung für das Erreichen eines eigenen Ziels zu sehen, hat offensichtlich einen Vorteil. Im Geschäftsleben würde das bedeuten – der sofortige und einmalige Vorteil erbringt auf Dauer keinen Erfolg. Deutliches Abwägen und eine mittelfristige, vielleicht sogar langfristige Zielsetzung bringt auf Dauer wohl ein besseres Ergebnis.

Nicht umsonst gibt es den uralten Spruch als Empfehlung „Erst mal eine Nacht darüber schlafen". Damit ist gemeint, nicht sofort zu reagieren, sondern erst einmal die Gedanken etwas ‚sacken' zu lassen, bevor gehandelt wird. Nach einem ‚Überschlafen' sieht die Situation vielleicht schon ganz anders aus.

Unabhängig davon, wie Sie als kleines Kind bei solch einem Experiment reagiert hätten, können Sie als heute Erwachsener Ihre Entscheidung gezielt treffen.

2. Experiment: Das Milgram-Experiment

Das Experiment wurde 1961 durchgeführt. Es wurde vom US-Psychologen Stanley Milgram (1933 – 1984) entwickelt, der übrigens ein Schüler von Solomon Asch (siehe Teil drei des Buchs) war.

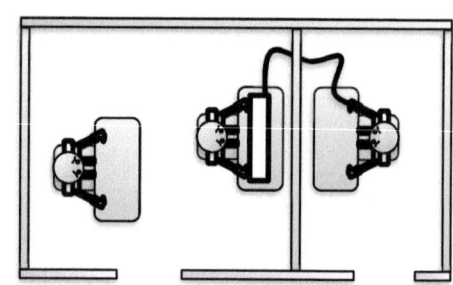

Versuchs-Teilnehmer:

1 Versuchsleiter, 1 Lehrer und 1 Schüler. Der Versuchsleiter und der Schüler wurden in den Versuchsablauf eingeweiht. Dadurch wurde der Lehrer – ohne sein Wissen – zur Versuchsperson. Der Schüler ist übrigens ein Schauspieler.

Versuchs-Ziel: Zusammenhang von Bestrafung und Lernerfolg ermitteln.

Versuchs-Aufbau:

In einem Raum saßen der Versuchsleiter und die Versuchsperson. Die Versuchsperson wurde vor ein Gerät platziert, mit dem Stromschläge ausgelöst werden konnten. Im benachbarten Raum hatte der Schüler Platz genommen. Er sollte bei falschen Antworten einen Stromschlag erhalten. Die Versuchsperson konnte vorab den Arbeitsplatz des Schülers einsehen – während des Experiments konnte er den Schüler allerdings nur noch hören.

Versuchs-Ablauf:

Der Schüler sollte Wortpaare lernen. Nach jedem falschen Ergebnis löste die Versuchsperson einen (scheinbaren) Stromschlag aus.

Mit jedem Fehler wurde die Spannung um 15 V erhöht.

Der Schüler reagierte (so wie vorher mit dem Versuchsleiter abgesprochen war) bei jedem elektrischen Schlag
wie folgt:

Spannung	Reaktion des Schülers
75 V	Grunzen
120 V	Schmerzensschreie
150 V	Sagt, dass er an dem Experiment nicht mehr teilnehmen will.
200 V	Extreme Schreie
300 V	Gibt keine Antworten mehr.
Über 300 V	Stille

Ab 150 Volt ist der Stromschlag schmerzend, ab 450 Volt
kann er tödlich sein.

Das bedeutet, dass die Versuchsperson die Macht hatte,
todbringende Stromschläge auszulösen.

Kamen der Versuchsperson Zweifel, wurde sie vom Versuchsleiter im neutralen Ton aufgefordert weiterzuma-
chen.

Trotzdem konnte die Versuchsperson jederzeit den Versuch abbrechen und damit die vermeintliche Schmerzzu-
fuhr stoppen.

Versuchs-Ergebnis:

40 Teilnehmer beteiligten sich an der Versuchsreihe. Die
Tabelle zeigt, wie viele Versuchspersonen bei welcher
Voltzahl das Experiment stoppten.

Volt	Bis 300	300	315	330	345	360	385	390-435	450
Ab-bruch	0	5	4	2	1	1	1	0	26

Das heißt, dass unglaubliche 26 von 40 Versuchspersonen bis zur maximalen Auslösung von tödlichen Stromschlägen durchhielten. Mehr als die Hälfte, 65 %!

War das Ziel des Experiments bestätigt? Der Schüler war nicht gehorsam (er hatte nicht gut gelernt), weswegen er bestraft werden musste.

Aber: Auch die Versuchsperson musste gehorsam sein. Und sie war es.

Übrigens: Keiner der Versuchspersonen stand auf, um einmal nach dem Schüler zu schauen, als er vom Nachbarraum deutliche Schmerzgeräusche wahrnahm oder noch schlimmer – gar keine Reaktion mehr hörte.

Interessant bei diesem Experiment ist vor allem, dass die Versuchsperson wider besseres Wissen und gegen die eigene Überzeugung handelte. So weit, dass es in einer echten Situation zu tödlichen Verletzungen des Schülers gekommen wäre. Der ausschlaggebende Grund war darin zu sehen, dass eine vermeintliche Autorität, „die es ja wissen muss", die Anweisung gab.

Transfer

Sie könnten nun annehmen, dass Sie sich anders verhalten hätten. Das mag natürlich sein. Allerdings sprach das Experiment-Ergebnis deutlich für sich.

Offensichtlich waren die Versuchspersonen so ‚unterwürfig' beziehungsweise ‚gehorsam', dass sie die Anweisungen aufgrund der Autorität des Versuchsleiters befolgten.

Nur weil einer Vorgesetzter ist, bedeutet das noch lange nicht, dass seine Entscheidungen immer richtig sind.

Auch ein Mitarbeiter sollte mündig genug sein, Anweisungen des Vorgesetzten zu überdenken.

Bei Zweifeln hat er zumindest die Option, ein klärendes Gespräch zu führen.

Sollte er der Meinung sein, dass der Auftrag tatsächlich falsch oder gar schädlich wäre (im Versuch vermeintlich tödlich), würde er gegebenenfalls Stärke demonstrieren und die Ausführung verweigern.

Authentisches und selbstsicheres Auftreten

Andererseits können Sie bei entsprechendem Auftreten erreichen, dass die anderen (Mitarbeiter, Zuhörer, Kunden) Ihren Vorschlägen entsprechend handeln.

Das erreichen Sie, wenn Ihr Auftreten als selbstbewusst und authentisch wahrgenommen wird. Sie vermitteln den anderen dann das Gefühl zu wissen, was richtig ist.

Wer von seiner eigenen Meinung und seiner eigenen Idee tatsächlich überzeugt ist, wird es relativ leicht schaffen, mit diesem Erscheinungsbild nach außen aufzutreten.

Er kann viel leichter überzeugen und demnach seine Ziele verwirklichen.

Treten Sie Ihrem Gesprächspartner gegenüber selbstbewusst, informiert und verantwortlich auf.

Geht Ihr Gesprächspartner davon aus, dass Sie wissen worüber Sie reden, ist er eher bereit, Ihnen zu vertrauen und Ihre Ideen abzukaufen.

3. Experiment: Das Stanford-Prison-Experiment

Das Experiment wurde 1971 vom US-amerikanischen Psychologen Philip Zimbardo (*1933) durchgeführt.

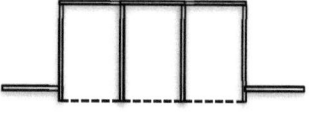

Versuchs-Teilnehmer:

Beteiligt waren 3 Gruppen: 1 Team rund um den Versuchsleiter, 1 Gruppe ‚Gefangener' und eine Gruppe ‚Wärter'.

24 Studierende schlüpften per Los in die Rolle des Gefangenen oder des Wärters. Als finanzieller Ausgleich wurden ihnen 15 US-Dollar pro Tag gezahlt. Das Experiment sollte zwei Wochen dauern.

Die Gefangenen unterschrieben vor Versuchsbeginn, während ihres ‚Gefängnis-Aufenthalts' auf ihre Grundrechte zu verzichten.

Versuchs-Ziel: Messen von menschlichem Verhalten in Gefangenschaft.

Versuchs-Aufbau:

Im Keller der Universität wurden drei Zellen mit Gittertüren eingerichtet. Der Flur galt als Gefängnishof.

Versuchs-Ablauf:

Die Gefangenen wurden von echten Polizisten zu Hause abgeholt. Angekommen im Institut begann der ‚eigentliche' Versuch.

Sie wurden entlaust und erhielten als einziges Kleidungsstück ein Krankenhaushemd. Sie mussten einen Nylon-Strumpf über den Kopf ziehen und es wurden ihnen Fußfesseln angelegt. Ab sofort wurden sie nur noch mit Nummern angesprochen.

Die Wärter trugen Uniform und Sonnenbrille. Sie waren mit einem Gummiknüppel ausgestattet. Die Wärter sollten für Ruhe und Ordnung sorgen. Bei einem gelungenen Ausbruchsversuch eines Gefangenen würde das Experiment abgebrochen.

Hier eine zusammengefasste Übersicht der Geschehnisse.

1. Tag
- Beliebige Zählappelle
- Liegestützen

2. Tag
- Aufstand der Gefangenen
- Wärter schlugen Aufstand nieder, sprühten mit Feuerlöschern in die Zellen.
- Kleidung und Betten wurden abgenommen.
- Demütigungen
- Statt WC-Gang nur noch Benutzung eines Eimers in der Zelle.
- Essensentzug

3. Tag
- Der Versuchsleiter musste einen Gefangenen aufgrund extremer Stressmerkmale entlassen.
- Sadistisches Verhalten
- Misshandlungsversuche (Versuchsleiter musste einschreiten)

6. Tag
- Das Team um den Versuchsleiter merkte, dass es die Objektivität verloren hatte und brach das Experiment vorzeitig ab.

Versuchs-Ergebnis:

Das Ergebnis dieses Experiments ist eher als sehr bedenklich einzustufen. Es wurde schnell gesehen, dass die per Zufall zugeordneten Studierenden sich so sehr mit ihrer Rolle identifizierten, dass sie sich absolut rollenkonform auslebten. Sie hatten keinerlei Skrupel, sich gegen ihr übliches Verhaltensmuster zu verhalten. Die Rolle gab ihnen einen gewissen Schutz.

Bei späteren Interviews mit einigen Beteiligten des Experiments zeigten sich teilweise erschütternde Situationen. Viele quälten sich jahrelang damit, sich in der Rolle so unerwartet verhalten zu haben.

Möglicherweise hat der eine oder andere noch heute psychisch an diesem Experiment zu arbeiten beziehungsweise zu leiden.

Transfer

Im oben beschriebenen und in ähnlichen später durchgeführten Experimenten schlüpft die Versuchsperson in eine Rolle.

Überraschenderweise identifiziert sie sich in ihrer Rolle relativ schnell. Sie schafft es, so zu denken und zu handeln, wie es von der Rolle erwartet wird.

Die Person verhält sich rollenkonform.

Im Experiment wurde gezeigt, dass das Verhalten Einzelner in der Rolle so deutlich aufbaut, dass es schon erschreckend erscheint.

Die zugewiesene Rolle entschuldigt, erfordert sogar das teilweise extreme Verhalten.

Im gesellschaftlichen Leben sehen wir sofort die Bestätigung dieses Experiments.

Schauen Sie nur einmal in die Karnevalshochburgen. Kaum hat sich einer eine rote Nase aufgesetzt, verhält er sich absolut anders, als es im üblichen Leben zu erwarten wäre.

Im klassischen Leben wäre ein anderes Verhalten sehr wahrscheinlich auch nicht akzeptiert. Durch das Schlüpfen in die Rolle besitzt der Betreffende nun im wahrsten Sinne des Wortes eine Art Narrenfreiheit.

Genau genommen ‚spielen' die meisten Menschen täglich in verschiedenen Rollen.

Beispielsweise erfüllen sie die Rolle als Mutter, als Ehefrau, als Freundin, wie auch als Kundin, Kollegin oder Vereinskameradin.

Das Verhalten derselben Person wird in den einzelnen Rollen entsprechend verschieden sein.

Im Extremfall sogar so unterschiedlich, dass ein Außenstehender sich wunderte, falls er die Person in allen ihren Rollen unbemerkt beobachten könnte.

Die ‚Berufliche Rolle' und die daraus folgende Erwartungshaltung

Welches ist die Transferleistung für Sie als Redner, Trainer oder Verkäufer?

Nehmen wir an, Sie leiten einen Workshop. Dann übernehmen Sie die Rolle des Trainers, die anderen die Rolle des Teilnehmers.

Solange Sie beruflich zusammen sind, wird nun von Ihnen erwartet, dass Sie die Kontrolle über das Geschehen haben. Sie bestimmen, wann Ihr Workshop beginnt und endet, wann Pausen einzulegen sind. Sie geben den inhaltlichen Ablauf vor.

Weiterhin wird von Ihnen erwartet, dass Sie die Gruppe der Teilnehmer unter Kontrolle haben. Bestimmte Verhaltensregeln sind einzuhalten.

Verstößt ein Teilnehmer gegen eine Regel, bringen Sie ihn mehr oder weniger auf den von Ihnen – und den Teilnehmern – gewünschten Pfad zurück.

Von den Teilnehmern wird erwartet, dass sie mitarbeiten, einander achten und aussprechen lassen, sowie den Gesamtablauf nicht stören.

Verhalten Sie sich nicht Ihrer Rolle entsprechend, kann ein sogenannter Rollenkonflikt entstehen.

Dieser gefährdet den vernünftigen Ablauf und den Erfolg ihres Workshops.

Übrigens: Treffen Sie zufälligerweise Tage später nach Beendigung des Workshops auf einen ehemaligen Teilnehmer, sind die damaligen Rollen nicht mehr wirksam. Ihr Gegenüber und Sie nehmen nun die Rollen von Bekannten ein. Ihr Verhalten zueinander kann somit deutlich anders als im Workshop sein.

Diese Situation überfordert hin und wieder einen Angestellten, wenn er privat unterwegs ist und dann auf seinen Vorgesetzten trifft. Im Beruf greifen die Rollen Vorgesetzte und Mitarbeiter, im Privaten ‚eigentlich' die Rollen von Bekannten. Am nächsten Tag sind sie wieder in der beruflichen Rolle.

Mancher versucht die Lösung mithilfe des Spruchs „Dienst ist Dienst und Schnaps ist Schnaps".

Hoffen wir, dass es gelingt.

Rollenspiele

In Meetings, Seminaren und Rollenspielen können Sie sich diese Eigenartigkeit zunutze machen.

Das Rollenspiel besagt bereits in seinem Namen, dass die Mitspieler in eine Rolle schlüpfen. In der Rolle wird erwartet, sich rollenkonform zu verhalten.

Durch Beobachtung und Analyse dieses Rollenspiels lässt sich sehr gut ablesen, wie und weshalb sich der Spieler so oder so verhält.

Das Verhalten des Einzelnen wird nachvollziehbar. Wird ein Rollenspiel professionell umgesetzt, können die Teilnehmer erkennen, weshalb eine bestimmte Situation entstanden war oder im realen Leben entstehen könnte.

Rollenwechsel

Besonders interessant wird es, wenn Sie zwei Teilnehmer eines Rollenspiels ein zweites Mal dasselbe Spiel spielen lassen, aber mit vertauschten Rollen.

Derjenige, der vorher die Rolle A übernahm, kommt nun in die Gedankenwelt des Mitspielers der Rolle B.

Durch den Wechsel der Rolle sollte gegenseitig mehr Verständnis für das Verhaltensmuster des Gegenübers entstehen.

Wahrnehmungs-Verzerrungen

Verzerrung durch optische Täuschung

Ein kleines Wahrnehmungs-Experiment, das Sie vielleicht an anderer Stelle schon einmal gesehen haben. Hier werden zwei Zeichnungen abgebildet. Jeweils eine waagrecht verlaufende Linie, begrenzt durch zwei Winkel. Betrachten Sie beide Bilder genau und entscheiden dann, bei welchem Bild die waagrechte Linie länger ist.

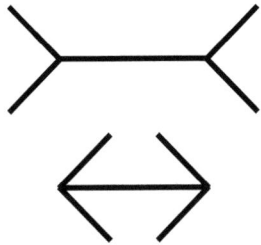

Haben Sie sich entschieden? Die meisten Befragten halten die waagrechte Linie in der oberen Darstellung für die längere. Sie auch? Tatsächlich sind beide Linien gleich lang. Weshalb erscheint die obere länger?

Das hat mit der Ausrichtung der Winkel zu tun. Im oberen Bild wird durch die Anordnung der Winkel das Bild waagrecht verbreitert. Im unteren Bild wird es gedrückt.

Hier liegt eine optische Täuschung vor. Zu optischen Täuschungen gibt es (fast) unendlich viele Beispiele, die Sie an verschiedenen Stellen finden können. Manchmal ist die Täuschung verblüffend. In einigen Darstellungen ist – obwohl als Täuschung akzeptiert – kaum nachvollziehbar, wieso die Wahrnehmungs-Verzerrung entsteht.

Akustische, gustatorische, olfaktorische, kinästhetische Täuschung

So lassen sich auch alle anderen Sinne täuschen. Manchmal sind sie weniger bekannt als die optischen. Das hat damit zu tun, dass die optischen auf einem Papier leichter darstellbar sind.

Trotzdem sind die anderen Täuschungen genauso vielseitig wie verblüffend.

Lassen Sie uns einen Supermarkt betreten, in dem wir auf viele Täuschungen und Beinflussungen hereinfallen. Hier ein Auszug einer viel längeren Liste.

Der große Einkaufswagen, damit der Kunde glaubt, bisher nur wenig (zu wenig) eingekauft zu haben.

Der glattgeputzte und spiegelnde Boden, der Rutschgefahr vortäuscht. Der Kunde geht vorsichtiger, somit langsamer. Dadurch bleibt er länger im Geschäft, das wiederum die Wahrscheinlichkeit des zusätzlichen Einkaufs erhöht.

Die ruhige und angenehme Hintergrundmusik. Diese ist dem Herzschlag des Kunden angepasst. Je nach Uhrzeit und der damit verbundenen Zielgruppen (Hausfrauen, Schüler, Rentner) wird verschiedene Hintergrundmusik gespielt.

Der duftende Geruch. Dieser synthetisch erzeugte Geruch an der Brötchentheke reizt zum Kauf an.

Der Spiegel. Spiegel hinter der Obstablage mit heller Beleuchtung verdoppeln das Angebot optisch. Gleichzeitig lassen sie es frischer und saftiger erscheinen.

Die Beleuchtung an der Fleischtheke. Durch spezielles Licht werden dem Kunden die ausgelegte Wurst und das Fleisch rötlicher erscheinen. Damit sieht es frischer und gesünder aus.

Das Extrascheibchen Wurst, um den Geschmack anzuregen. Erhält der Kunde etwas umsonst, fühlt er sich moralisch verpflichtet etwas mehr einzukaufen.

Das sind nur einige von weiteren Beispielen, mit denen wir im Supermarkt konfrontiert werden.

Diese raffiniert eingesetzten Täuschungen erhöhen den Umsatz. Millionen von Kunden verfallen diesen Täuschungen täglich.

Und das alles nur im Supermarkt.

Experimente mit Passanten

Der Autor hat in vielen Experimenten mit Teilnehmern verschiedener Seminare mehrfach nachgewiesen, wie relativ leicht sich Passanten durch eine geschickte Fragestellung und ein seriöses Auftreten in ihren Wahrnehmungen täuschen lassen.

Manchmal reizt das Ergebnis zum Lachen, wäre es nicht fast erschreckend, wie leicht sich die Befragten irritieren ließen.

Auch wenn es manchmal unrealistisch klingt – alle folgenden Angaben stimmen. Sie wurden an verschiedenen Orten mit verschiedenen Interviewern mit vergleichbaren Ergebnissen umgesetzt.

Hier einige Beispiele.

Aus derselben ‚Original'-Cola-Flasche wurde in zwei Becher jeweils ein Schluck gegeben.

Anschließend wurden Passanten gebeten, beide Proben zu testen. Dabei lautete die Frage, in welchem Becher die ‚Original'-Cola wäre.

Liebe Leserin, lieber Leser, bitte beachten Sie – es wurde nicht behauptet, dass es eine Original-Cola und eine Noname-Marke gäbe. Demnach hätte die Antwort lauten müssen: „In beiden."

Tatsächlich wurden fast immer (also zu fast 100 %) und eindeutig in einem Becher die Original-Cola und im anderen die Noname-Cola geschmeckt!

Mal im linken, mal im rechten Becher – was aber nicht ausschlaggebend ist. In beiden befand sich ja das Getränk aus derselben Flasche.

Wie ist diese Täuschung möglich?

Allein aufgrund der Art der Befragung ging der Befragte davon aus, dass zwei verschiedene Cola-Sorten angeboten würden – obwohl das bewusst niemals so gesagt wurde.

Also stellte sich das Gehirn des Befragten darauf ein, dass es auch zwei verschiedene Sorten geben müsste. Und – die Passanten schmeckten zwei verschiedene! Das eigene Gehirn erzeugte diese Täuschung.

In einer weiteren Übung schmeckten die Befragten mit großer Mehrheit den Unterschied zwischen einem alkoholfreien und alkoholhaltigen Bier.

Es gab keinen Unterschied – auch hier stammte das Getränk aus derselben Flasche.

Hochinteressant war die unterschiedliche Wahrnehmung von Mineralwasser und genmanipuliertem Wasser(!).

Gummibärchen aus derselben Abfüllung in zwei Schalen ließen fast eindeutig den Marktführer und den Discounter finden (den es ja nicht gab).

Bei diesem Versuch sollten die Befragten auf ‚Leuchtkraft‘, ‚Farbintensität‘, ‚Bissfestigkeit‘ und ‚Geschmack‘ achten.

Schön war es für die Interviewten Aussagen zu hören wie: „Das sind eindeutig die Gummibärchen von XXX, das schmecke ich sofort!"

Tja, die Ergebnisse schienen schockierend.

Schockierend deswegen, weil in diesen einfachen Experimenten bereits bestätigt wurde, wie leicht der Mensch durch entsprechendes Auftreten und Fragestellung gelenkt werden kann.

Nur zur Erinnerung: In keiner dieser und der vielen anderen Experimenten wurde gelogen. Alle Fragen der Interviewer entsprachen der Wahrheit.

Bedenken Sie, welche rhetorische Macht Sie haben, Menschen zu täuschen – ohne sie verbal zu belügen.

Achten Sie darauf, dass Sie im umgekehrten Fall nicht getäuscht werden. Auch wenn Ihre Sinnes-Wahrnehmung eindeutig scheint, muss sie es nicht sein.

Nicht täuschen lassen

Liebe Leserin, lieber Leser, einige Beispiele von Experimenten zeigten in diesem ersten Teil, wie menschliches Verhalten aufgrund der Versuchs-Anordnung sichtbar und messbar wird.

Dabei sollte erkannt werden, dass ein großer Teil des Verhaltens ‚einfach so' geschieht.

Teilweise zeigten sich die Versuchspersonen bei späteren Interviews über das eigene Verhalten entsetzt und konnten ihre Vorgehensweise rational nicht erklären.

Da die Beispiele deutlich machen, wie sich Menschen verhalten, ist das Ergebnis problemlos auf mehr oder weniger jedermann übertragbar.

Sie, liebe Leserin, lieber Leser, haben es in Ihrer Hand, diesen Mustern <u>bewusst</u> entgegenzusteuern.

Zumindest können Sie einen Augenblick rational reflektieren, ob Sie so handeln, wie <u>Sie</u> wollen.

Im zweiten Abschnitt haben wir uns auf die Wahrnehmungs-Irritationen konzentriert. Es sollte daran erinnert werden, wie leicht sich der Mensch über seine Wahrnehmung täuschen lässt.

Daraus sollte das Wissen gezogen werden, welche Macht ein Einzelner hat, durch optische, akustische und andere Sinnes-Täuschungen seinen Vorteil zu ziehen.

Eine Sinnestäuschung wäre keine mehr, ließen wir uns durch sie nicht täuschen.

Teil 2 – Wissensvorsprung und Macht durch den Einsatz von Effekten

Ahnen wie der andere reagiert

Keine Hellseherei

Liebe Leserin, lieber Leser, in diesem Teil des Handbuchs widmen wir uns dem großen Bereich der Effekte.

Einige werden Ihnen bekannt vorkommen, andere eigene Erlebnisse in Erinnerung bringen.

Vielleicht müssen Sie hier und dort lächeln, da Sie sich an Situationen erinnern, in denen Sie sich selbst so verhielten.

Sie werden sich wundern, wie die Welt um uns herum nur so von Effekten wimmelt.

Am Ende einer jeden Effekt-Beschreibung wird kurz darauf hingewiesen, wie Sie den Effekt für Ihr eigenes berufliches Fortkommen nutzen können.

Es handelt sich bei dem Thema nicht um Hellseherei.

Sobald Sie wissen, wie sich ein Mensch höchst wahrscheinlich verhalten wird, haben Sie sicherlich einen erheblichen Vorteil.

Sie können sich auf diese Reaktion einstellen und entsprechend vorbereiten. Ihr Gegenüber verhält sich dann wie erwartet und tappt gegebenenfalls in die von Ihnen gestellte Falle.

Selbstredend sprechen wir hier nicht von bösartigem oder illegalem Vorgehen. Das versteht sich von selbst.

Trotzdem schadet es nicht, sich einen rhetorischen Vorteil zu verschaffen.

Effektvoll lenken

Mein Gesprächspartner handelt so, wie vorausgesehen

In diesem Buchteil wird über Wahrnehmungs-Verzerrung geschrieben. Von einer Verzerrung wird gesprochen, wenn eine Verfälschung der wahren Verhältnisse stattfindet, die auch durch systematische Fehler zustande kommen kann.

Auch wenn bei den meisten Menschen das Wort ‚Verzerrung‘ eher eine negative Bedeutung suggeriert, kann bei gezieltem Einsatz solcher auch Erfolg erzielt werden.

Es ist spannend zu erfahren, welche Vielfalt von Effekten den Menschen beeinflussen.

Wer sich mit Effekten auseinandersetzt wird merken, wie leicht er beeinflussbar ist. Aber auch wie leicht er andere beeinflussen kann.

Diese Erkenntnis ermöglicht es ihm, <u>bewusst</u> anders zu handeln als der Effekt verspricht.

Effekt erkennen

Sie können Ihr Verhalten besser kennenlernen und damit selbstbestimmt und bewusster leben. Wenn Sie selbst wissen, wie Sie in bestimmten, mit Effekten besetzten Situationen handeln, können Sie rückschließen, wie Ihr Gegenüber handeln könnte. Genauer gesagt: Wie er sich wahrscheinlich verhalten wird.

Wer demnach merkt, dass ein bestimmter Effekt greift, kann das anstehende Verhalten möglicherweise vorhersagen. Und damit hat er seinem Gesprächspartner gegenüber einen unglaublichen Vorteil.

Er ist vorbereitet auch für die unmittelbare Zukunft. Dieser Wissensvorsprung kann sich deutlich als Vorteil herausstellen.

Denn das Gegenüber weiß gar nicht, dass er sich dem Effekt entsprechend verhalten wird.

Gestalten Sie Ihre Seminar-Unterlagen und Ihr Erscheinungsbild entsprechend.

Der Wissensvorsprung in diesem Thema gibt Ihnen rhetorische Macht. Viel Macht.

Effekte nutzen

Und nun gehen wir einen Schritt weiter, um noch mehr Macht zu erzielen.

Wie ist das machbar? Nun, manche Effekte können gezielt eingesetzt werden.

Konkret: Sie schaffen eine Situation, in der ein Effekt greift.

Und – Sie ahnen, wie sich Ihr Gegenüber verhalten wird. Genial! Sie bestimmen das Verhalten Ihres Gegenübers und zwar, ohne dass dieser es merkt.

Fairerweise muss gesagt werden, dass es keine absolute Sicherheit geben kann, das Verhalten des anderen vorherzusehen.

Jeder hat die Chance, trotz aller Wahrscheinlichkeit eines bestimmten Verhaltensmusters ganz anders vorzugehen. Pech gehabt. Aber ein Versuch war es wert.

Liebe Leserin, lieber Leser, wenn Sie einen der folgenden Effekte für nachvollziehbar halten, steht es Ihnen frei (natürlich immer auf eigenes Risiko) zu experimentieren.

1. Effekt: Rosenthal-Effekt oder Versuchsleiter-Effekt

„Der Chef hat Recht."

Der deutsche Psychologe Robert Rosenthal (*1933) ließ 12 Studenten an einem ‚Ratten-Experiment' teilnehmen. Die Laborratten wurden auf Intelligenz getestet. Alle Ratten stammten genetisch vom selben Stamm ab.

Einer Hälfte der Studenten, nennen wir sie die Gruppe X, wurde mitgeteilt, dass es sich um intelligente Ratten handele, der anderen Gruppe Y wurde keine Information gegeben. Beide Studentengruppen machten exakt dieselben wissenschaftlichen Versuche.

Und wie sah das Ergebnis aus? Unglaublich, aber die Ratten der Gruppe A erzielten ein besseres Ergebnis. Die Gruppe X hatte wissenschaftlich nachgewiesen, dass diese Ratten intelligenter handelten.

Wie ist so etwas möglich, stammten doch alle Ratten vom selben genetischen Stamm ab. Sie müssten demnach auch dasselbe Ergebnis zeigen, zumal sie ja unter wissenschaftlichen, das heißt kontrollierten, wiederholbaren usw. Testbedingungen getestet wurden.

Tja, wenn der Versuchsleiter sagt, dass in einer Gruppe intelligentere Ratten sind, dann muss hier zwangsläufig auch ein besseres Ergebnis erzielt werden.

Tragisch wird dieser Effekt dann, wenn Schulkinder oder Studenten die Klasse wechseln und im Vorfeld vom Schulleiter die Information gegeben wird, dass ein Schüler aus ‚besseren Verhältnissen' stammen soll.

Und der Klassenkamerad aus ‚schlechteren Verhältnissen'.

Sie können schon erahnen, wie die Noten der beiden Schüler am Jahresende ausfallen.

Rosenthal hat genau solch ein Experiment 1968 an US-amerikanischen Grundschulen durchgeführt.

Er informierte das Lehrerkollegium über sehr intelligente Schüler, deren Zukunft bedeutende Ergebnisse zeigen würden.

Spätere Intelligenztests der ausgewählten Schüler ergaben einen um 20 bis 30 Punkte höheren IQ als vorab. Unglaublich.

Also Vorsicht vor Hinweisen dieser Art, wenn Sie die Rolle des Vorgesetzten einnehmen.

Eine Ausnahme ist dann zu sehen, wenn Sie bewusst die Ergebnisse verfälschen wollen. Dann können Sie sich diesen Effekt zunutze machen.

Ansonsten: Lassen Sie sich vor dem ersten Kontakt möglichst keine Charakter-Eigenschaften einzelner Teilnehmer sagen.

Das würde Ihr Verhalten zu diesen verändern.

2. Effekt: Halo-Effekt oder Heiligenschein-Effekt

„Aus- und Überstrahlung."

Der Halo-Effekt kommt vom englischen Wort ‚halo', das Heiligenschein bedeutet. Der Heiligenschein strahlt aus, so ähnlich wie der Stern, der über den Weihnachtskrippen zu finden ist. Der US-amerikanische Psychologe Gordon Willard Allport (1897 – 1967) zeigte diesen Effekt in Versuchen auf. Sieht jemand adrett, sauber gekleidet, gepflegt aus, dann wird angenommen, dass er intelligent ist, ein geordnetes Heim hat usw. Das Aussehen strahlt auf das vermutete Verhalten der Person aus.

Es überstrahlt gegebenenfalls sogar das Verhalten, hat aber für den Betreffenden den Vorteil, vom Halo-Effekt zu profitieren.

Manchmal überstrahlt ein einziges Merkmal viele andere Verhaltensmuster. Aufpassen also, wenn Sie nur von einer Fähigkeit einer Person überzeugt werden. Es bedeutet nicht, dass Ihre Begeisterung auch auf die anderen Fähigkeiten übertragbar ist. Tatsächlich wird es aber so sein, weil hier der genannte Effekt greift.

Bei Umfragen wird sich dieser Halo-Effekt gerne zunutze gemacht. Denn eine gestellte Frage strahlt auf die nächstfolgende aus. „Leben Sie gerne in München?" – „Dann finden Sie die Münchner doch bestimmt sympathisch?"

Durch Beachtung dieses Effekts wird bei Fragebögen eine Spannungskurve aufgebaut, die den Befragten neugierig (und gegebenenfalls in Ihrem Sinn) auf die nächsten Fragen macht und er diese dann auch beantworten wird. Der Satzteil in Klammern ist hier in unserem Buch-Thema ausgesprochen wichtig.

Wenn Sie es schaffen, in einem Gespräch Fragen in eine entsprechende Reihenfolge zu bringen, baut sich der erwähnte Spannungsbogen auf und Sie können den Befragten dahin lenken, wohin Sie ihn lenken wollen. Verkäufer klassischer Zeitungs-Abonnements wissen, wovon hier gesprochen wird.

3. Effekt: Primacy-Effekt

„Habe ich doch gleich gewusst."

Der US-amerikanische Soziologe Robert King Merton (1910 – 2003) hat erkannt, dass die Handlung einer Person so verzerrt wird, dass das ‚was sein soll' auch ‚ist'. Hier wird von der Schaffung der ‚sich selbst erfüllenden Prophezeiung' gesprochen.

Wenn Sie sagen „Das schaffe ich nicht", dann werden Sie es nicht schaffen. Meinen Sie, „Ich habe da ein Problem", dann haben Sie auch eines.

Also formulieren Sie anders: „Das schaffe ich" beziehungsweise „Ich werde diese Herausforderung meistern."

Sehen Sie einen Gesprächspartner zum ersten Mal, wird sich in Bruchteilen von Sekunden ein erster, wichtiger Eindruck bilden.

Sie finden ihn sympathisch oder selbstbewusst oder schick oder eben nicht. Ihre eigene Erwartungshaltung spielt hier eine Rolle.

Begegnungen mit anderen Menschen in früheren Zeiten beeinflussen diesen Eindruck und vieles andere mehr.

Wichtig ist allerdings: Wenn Sie jemanden als sympathisch einstufen, wird er aufgrund der sich selbst erfüllenden Prophezeiung nach Ihrem Empfinden auch sympathisch sein.

Mögen Sie jemanden nicht, werden Sie ihn wahrscheinlich auch nach einigen Wochen nicht mögen. Sie werden ihm auch kaum eine Chance einräumen zu zeigen, dass er vielleicht doch ganz sympathisch ist.

Ihre Entscheidung ist schon längst gefallen.

Gehen Sie deshalb unvoreingenommen in Gespräche und geben jedem wirklich die Möglichkeit, sich zu entwickeln, bevor Sie Ihr Urteil fällen.

Umgekehrt achten Sie darauf, dass Ihr Gegenüber von Anfang an einen positiven Eindruck von Ihnen erfährt. Dann sind die Folgegespräche leichter und Ihr Erfolg setzt schneller ein.

4. Effekt: Stereotypen-Effekt

„Die sind doch alle gleich.“

„Die sind doch alle gleich, die Schwarzen … oder die Weißen … oder die Grünen … Beim Stereotypen-Effekt liegt eine Urteilsverzerrung vor, die sich auf Gruppen bezieht. Das Individuum wird in einer Gruppe nicht berücksichtigt.

Wir treffen hier auf das Wort Stereotyp. Dieses stammt aus dem Griechischen und steht sinngemäß für ‚eine Form oder Art, die in dieser Art ‚haltbar‘ ist.

Die Urteilsverzerrung bezieht sich auf Menschengruppen, die durch die vorgenommene Kategorisierung deutlich zuzuordnen sind.

Zum Beispiel durch körperliche Merkmale wie Haut- oder Haarfarbe, aber auch wie die Frisur getragen wird.

Gut erkennbar sind auch Schmuck- oder Kleidungsstücke, die eben ‚typisch‘ für diese Menschengruppe sind.

Durch dieses Stereotypen-Denken lässt sich jemand relativ leicht beschreibend einer Gruppe zuordnen.

Der Vorteil ist, dass andere direkt wissen, wer gemeint ist. Der Nachteil liegt sofort auch auf der Hand.

Es ist kaum richtig zu sagen, dass <u>alle</u> Franzosen Rotwein oder <u>alle</u> Bayern Bier trinken.

Es wird eine große Anzahl von Menschen aus diesen beiden Gruppen geben, die gar keinen Alkohol mögen.

Das ist aber im Stereotypen-Denken egal.

Jeder wird einer bestimmten Gruppe angehören. Frau, Tante, braunhaarig, grünäugig, in einer Stadt wohnend, tennisspielend usw. usw.

Es gibt unendlich viele Möglichkeiten der Kategorisierung und damit der Zuordnung im Sinn des stereotypen Denkens.

Unangenehm wird es, wenn Sie zwar einer bestimmten Gruppe angehören (zum Beispiel Deutscher), aber nicht in das Klischee über Deutsche fallen.

Sie können tun und lassen was Sie wollen, erst einmal sind Sie typisch deutsch.

Und wenn Sie Pech haben, dann sind Sie eben untypisch Deutsch.

Wo bleibt Ihr Individuum, wo Ihre Einmaligkeit?

Treffen Sie sich zu einem geschäftlichen Austausch mit Japanern, dann ist es typisch, dass diese nach der Verhandlung Karaoke genießen.

Im Idealfall bereiten Sie sich entsprechend vor. Vielleicht treffen Sie aber ausgerechnet auf eine japanische Delegation, die sich untypisch verhält. Tja, so ist es.

Vermeiden Sie, sich von Vorurteilen oder Klischees beeinflussen zu lassen.

Gestehen Sie jedem Individuum seine Eigenart zu. Und gehen Sie entsprechend auf jeden individuell ein.

Jeder Gesprächspartner oder Teilnehmer in einem Seminar hat dieselben Rechte!

Geben Sie ihm die Chance, sich zu entwickeln, bevor Sie über ihn werten.

5. Effekt: Bandwagon-Effekt, Mitläufer-Effekt oder Gewinner-Effekt

„Ich bin ein Trittbrettfahrer."

Der Festzug schlängelt sich gemütlich durch die Straße. Hunderte, dichtgedrängt stehende Zuschauer am Straßenrand jubeln den vorbeiziehenden Kostüm- und Musikgruppen zu.

Und dann kommt er, der große Musikwagen. Dumpf brummen die Bässe vom geschmückten Wagen.

Knapp bekleidete, bildhübsche junge Mädchen wiegen sich – nein sagen wir: hüpfen – zu den hämmernden Tönen oben auf der mächtigen Wagenburg.

Dröhnend schiebt sich der Musikwagen in Schrittgeschwindigkeit vorbei.

Eine große Horde Begeisterter läuft im Takt der Musik hinterher. Manche klatschen, manche singen, manche sind eingehängt oder haben ihrem Nachbarn einen Arm über die Schulter gelegt. Alle sind gut gelaunt.

Zuschauer am Straßenrand schließen sich der Gruppe an. Auf diese Weise wächst sie nach und nach an. Wer mag nicht gerne dabei sein, dort, wo offensichtlich der ‚Bär tanzt'.

Da, ‚wo was los ist'. Dort ist Stimmung und gute Laune.

Bei solchen Leuten bereitet es mehr Freude mitzumachen, als bei einer Gruppe, bei der nichts los ist.

Zumindest im übertragenen Sinn würde vielleicht auch der Spruch passen: „Wo Tauben sind, fliegen Tauben hin."

Es ist schön, sich im Glanz der Gewinner zu sonnen. Also – nichts wie hin.

Dieser Effekt heißt nicht umsonst auch Gewinner-Effekt. Kurz ausgedrückt: Es scheint sinnvoll, sich an den Erfolg eines anderen anzuhängen.

Vielleicht haben Sie das bei der wöchentlichen Lottoziehung schon einmal mitbekommen.

Plötzlich heißt es, dass 4 Millionen im Jackpot sind. „Oh – die Gewinnchancen sind also höher als vorher."

Das stimmt natürlich nicht.

Denn, je mehr Spieler bei der Lotterie mitmachen, desto geringer wird für jeden einzelnen Mitspieler die Chance auf den erhofften Hauptgewinn.

Dann sind 5 Millionen im Jackpot und schließlich 6 Millionen.

Unglaublich viele Menschen nehmen nun zum ersten Mal an dieser Lotterie teil. „Wäre ja toll, wenn ..." Lassen wir diese Spieler träumen und gönnen ihnen die immer geringer werdende Chance, den Hauptgewinn zu ergattern.

Die Werbung zeigt uns immer wieder, wie es funktioniert. Ganz besonders gut drauf haben das die Verkaufssender im Fernsehen, die dem unbedarften Zuschauer ständig, fast einhämmernd aufzeigen, wie viele Produkte andere schon gekauft haben.

Und wenn viele etwas kaufen, dann muss es ja gut sein, nicht wahr?

Was heißt das für Sie, liebe Leserin, lieber Leser?

Stellen Sie sich erfolgreich dar. Zeigen Sie, dass Sie zu den Gewinnern gehören. Treten Sie entsprechend verbal und mit Ihrer Körpersprache auf.

Sie werden merken, dass Menschen gerne mit Ihnen zu tun haben.

Sie wollen von Ihrem Erfolg profitieren und sind deshalb bereit, in Sie oder Ihre Ideen zu investieren.

Achten Sie aber auf den Wunsch vieler Trittbrettfahrer, die sich an Ihren Gewinn hängen wollen.

Diese verringern Ihren eigenen Gewinn.

6. Effekt: Snob-Effekt – Ich bin was Besseres

„Ich bin was Besseres."

Ein bisschen dekadent darf es schon sein. Der Snob-Effekt stellt das Gegenteil zum Bandwagon-Effekt dar. Gerade dann, wenn viele ein bestimmtes Produkt bevorzugen, dann will der ‚Snob' es nicht.

Er will immer etwas Besseres sein und darstellen.

Als Verkäufer Ihrer Idee oder Ihres Produktes nutzen Sie diesen Effekt, wenn Sie merken, dass sich Ihr Gesprächspartner von anderen abheben will. „Nun, unser Produkt wurde ja nicht für jedermann entwickelt. Es ist schon etwas Besonderes."

Machen Sie Ihren Kunden auf das Besondere aufmerksam.

Stellen Sie auch verbal dar, dass Ihre Idee nicht für jeden erdacht wurde. Sie wird nicht jedermann ansprechen.

Achten Sie darauf, dass das Angebot auf Ihren Zuhörer maßgeschneidert abgestimmt wird.

7. Effekt: Veblen-Effekt

„Je teurer, je besser."

Dieser Effekt ist nach dem US-amerik. Ökonomen Thorstein Bunde Veblen (1857 – 1929) benannt, der feststellte, dass es Menschen gibt, die ein Produkt bevorzugen (und kaufen), wenn der Preis steigt.

Durch den Kauf dieses Produktes will sich der Käufer der nächsthöheren Schicht nähern. „Ich kann es mir leisten."

„Im vergangenen Jahr kostete unser Produkt noch gut 1.000 €.

Aufgrund neuester Erfahrungswerte, die in unser Produkt übernommen wurden, sowie auf die immense Nachfrage ist der Preis um 15 % gestiegen."

Machen Sie dem Kunden deutlich, dass Ihr Produkt den monetären Gegenwert rechtfertigt. Zeigen Sie außerdem, dass der Preis gestiegen ist. Bejammern oder bedauern Sie die Preissteigerung nicht. „Wer etwas Besonderes will, leistet sich das Besondere." Und Sie bieten das Besondere.

8. Effekt: Underdog-Effekt beziehungsweise David-Goliath-Effekt

„David gewinnt über Goliat."

Angeblich soll der Philister Goliat (ja, ohne das ‚h' am Ende) 2,90 Meter groß gewesen sein (6 Ellen und 1 Spanne). Und das vor ein paar tausend Jahren. Geradezu gigantisch. Das wäre es auch heute noch, träte Ihnen plötzlich jemand mit einer Körpergröße von 2,90 Metern gegenüber.

Und dann kommt der schmächtige David daher. David, der spätere König Israels. Und was macht David? Er zielt mit seiner Steinschleuder auf Goliats Kopf.

Und er trifft. Kopf ab! Goliat tot! Riesenerfolg (im doppelten Sinn des Wortes).

Noch heute empfinden wir Schadenfreude, wenn der ‚kleine Mann' gegen das große, unbesiegbare Unternehmen gewinnt. Der scheinbar Schwächere wird hier umjubelt.

Heben Sie hervor, dass Sie ein kleiner, hart kämpfender Anbieter Ihres Produktes sind.

Machen Sie deutlich, dass Sie es schaffen, gegen die Marktführer erfolgreich zu konkurrieren. Ihr Erfolg spricht für Ihre Qualität.

Also, zeigen Sie es Ihrem Auftraggeber. „Denen werden wir es zeigen! Wer sind wir denn? Das wäre doch gelacht!"

Und Sie werden gewinnen (hoffentlich).

Übrigens: Das Goliat-h kommt bei der Effekt-Bezeichnung üblicherweise wieder dazu.

9. Bumerang-Effekt

„Idee raus, Frust zurück."

Werfen Sie einen Bumerang gekonnt von sich, dann sollte er wieder zu Ihnen zurückkehren. Bekannt sind die Bumerangs bei den Ureinwohnern Australiens, den Aborigines, die Bumerangs noch heute benutzen. Tatsächlich gab es solche Wurfgeräte auch in Frühzeiten in anderen Kulturen.

Nun schauen wir uns diesen Bumerang-Effekt in der Rhetorik an. Beispielsweise versuchen Sie jemanden von einer Idee oder einem Produkt zu überzeugen.

Durch eine ungeschickte Argumentationskette wendet sich der Kunde plötzlich von Ihrer Idee beziehungsweise Ihrem Produkt ab. Vielleicht wandelt sich sein ursprüngliches Interesse in krasses Gegenteil.

Das wäre sehr schlecht für Sie, weil die zurückkommende Reaktion Sie ‚erschlägt' beziehungsweise Ihre Argumentation kaputt macht. Es ist dann eine Verhaltensreaktion erfolgt, die der angestrebten Wirkung hundertprozentig entgegensteht.

Es kann aber auch sein, dass Sie selbst eine Idee übernommen oder ein Produkt gekauft haben, mit dem Sie bei genauerer Betrachtung gar nicht mehr so einverstanden sind wie vorab betrachtet.

Damit Sie sich selbst gegenüber den Kauf nun nicht schlechtreden, suchen Sie Argumente, die Ihren Kauf positiv begründen. Sie machen sich also selbst was vor und manipulieren sich bewusst, nur um Ihre Kaufentscheidung zu rechtfertigen.

Damit Ihnen das nicht allzu häufig geschieht, streben Sie danach, sich möglichst wenig beeinflussen zu lassen, zum Beispiel durch die Werbung. Sie wollen das Gefühl haben, selbstständig zu entscheiden. Auch bei Entscheidungen, was Sie kaufen wollen.

Damit sich Ihr Geschäftspartner nicht bedrängt oder in seiner Entscheidungsmöglichkeit deutlich eingeschränkt fühlt, sollten Sie im Gespräch mit ihm besonders darauf achten.

10. Effekt: Ignorierungs-Effekt

„Den Kopf in den Sand stecken."

Es gibt viele Menschen, deren Angst vor Krankheiten so groß ist, dass sie bei auftretenden Symptomen dieser Krankheiten einfach so tun, als wären sie nicht da.

Sie stecken sozusagen den Kopf in den Sand, bekannt als sogenannte Vogel-Strauß-Politik.

Unangenehmes wird ganz einfach ignoriert. Das kann recht gefährlich werden, nämlich dann, wenn die Krankheit nicht mehr zu heilen ist, weil zu lange gewartet wurde.

Manche Unternehmen schlagen einen Weg ein, der nach einer bestimmten Zeit zeigt, dass er schlecht gewählt war.

Ein Produkt wurde entwickelt, das aber keinen Gewinn abwirft. Im Gegenteil, das Produkt produziert Kosten über Kosten.

Statt nun diese Produktherstellung zu stoppen, gegebenenfalls den Notknopf zu drücken, wird eifrig weitergebaut. Es wird schon irgendwann mal gutgehen.

Haben Sie lieber den Mut zu Veränderungen.

Wenn Sie erkennen, dass eine getroffene Entscheidung nicht zielführend ist, lieber auch hier einmal die Notbremse ziehen.

Jedenfalls den Kopf immer oben tragen und die wirtschaftliche Situation rundum betrachten.

Es bringt nichts, ‚auf Teufel komm raus' an einem einmal geplanten Weg festzuhalten, wenn abzusehen ist, dass er nicht zum Erfolg führen wird.

Lieber zusammen mit Ihren Kunden das gemeinsame Projekt stoppen und in eine neue Planung gehen.

Möglicherweise sind bereits Kosten entstanden, die am Ende aber geringer sein werden als ein Totalverlust.

11. Effekt: Torschluss-Effekt – Die letzte Chance

„Die letzte Chance."

Ah, schnell noch an der Kasse eine Kleinigkeit kaufen.

Sei es ein Päckchen Kaugummi oder ein Satz Batterien oder ein Schwamm. „So was kann ‚man' immer gebrauchen."

Die Warenkörbe direkt im Kassenbereich fördern den Spontankauf. Deshalb sind sie bei den Produzenten so heiß begehrt.

Auch in der Midlife-Crisis wird in diesem Zusammenhang von Torschlusspanik gesprochen.

Allerdings kommt der Begriff auch dann zu Ohren, wenn Männer kurz vor der Trauung stehen und in allerletzter Sekunde einen Rückzieher machen.

Gut also, wenn Sie gerade noch rechtzeitig kommen, bevor die Tore schließen und Sie außen vor bleiben.

Vielleicht ist es ein ganz klein wenig unfair, diesen Torschluss-Effekt im Unternehmen einzusetzen. Andererseits wollen Sie ja den Zuschlag Ihres Kunden bekommen.

Vielleicht ist es tatsächlich der letzte mögliche Termin, den Sie in diesem Jahr zu den aktuellen Konditionen bieten können.

Weshalb sollte der Kunde bis nächstes Jahr warten und dann auch noch mehr bezahlen müssen?

Sehen Sie zu, dass Sie Ihrem Kunden das letzte Teil verkaufen, bevor die Kasse schließt beziehungsweise die Möglichkeit des Kaufes nicht mehr besteht.

12. Barnum-Effekt oder Forer-Effekt

„Sie sind jemand Besonderes."

Sie neigen dazu, eine unpräzise Beobachtung zu akzeptieren. Und zwar deswegen, weil sie unpräzise ist.

Sie sind demnach bereit, vage Beobachtungen oder allgemeingültige Aussagen anzunehmen und wiederzugeben.

Der Name Barnum leitet sich ab vom Zirkus-Pionier Phineas Taylor Barnum (1810 – 1891) mit seinem sogenannten Kuriositätenkabinett (American Museum) in New York.

Sozusagen für jeden Geschmack etwas, die Hauptsache, es war ausgefallen oder gruselig, allerdings ohne wissenschaftliche Beweise.

Die eigenen Empfindungen waren hier – verständlicherweise – immer subjektiv.

Der Name Forer bezieht sich auf den US-amerikanischen Psychologen Bertram R. Forer (1914 – 2000). Er wies in Experimenten nach, dass Testpersonen verallgemeinerte Informationen (zum Beispiel Horoskope) auf die eigene Persönlichkeit passend übertragen und akzeptieren.

Die erzielten – scheinbaren – individuellen Beschreibungen treffen nach seinen Experimenten auf über 80 Prozent der Menschen zu.

Deshalb gibt es unglaublich viele Menschen, die auf Horoskope schwören oder Wahrsagern bedingungslos vertrauen.

Verwenden Sie in Dialogen allgemeine Aussagen, mit denen sich die meisten Menschen identifizieren können, beziehungsweise, die mit der persönlichen Meinung über sich selbst übereinstimmen.

„Viele haben etwas Lampenfieber, wenn sie vor anderen auf die Bühne gehen." Oder: „Wer will nicht eine Rede erfolgreich abschließen?"

Halten Sie sich in Ihren Aussagen allgemein. „Sie haben ein Alter erreicht, das zeigt, dass Sie sich gut entwickelt haben."

Legen Sie nach: „Deshalb werden auch Sie sich durch die Unterstützung meiner Idee (meines Produkts) noch besser weiterentwickeln."

13. Effekt: Appetenz-Effekt

„Ich bilde mir meine eigene Meinung."

Appetenz kommt aus der lateinischen Sprache ‚appetentia' und heißt so viel wie Verlangen oder Sucht.

Erwarten Sie bestimmte Merkmale oder Verhaltensmuster bei Ihrem Gesprächspartner, dann wird Ihre Aufmerksamkeit besonders in diese Richtung gelenkt.

Sind Sie der Meinung, dass braunhaarige Menschen intelligenter sind als andere, werden Sie in Einstellungsgesprächen Menschen mit dieser Haarfarbe bevorzugen.

Unabhängig davon, ob die erwarteten Merkmale (gemeint sind die gewünschten Fähigkeiten oder Kenntnisse) vorliegen, werden die Merkmale von Ihnen stärker bewertet als es sein dürfte.

Stellen Sie im Verhandlungsgespräch mit Ihrem Kunden fest, dass er auf eine bestimmte Art von Produkten oder Herstellern besonders fixiert ist („Na, wenn das Produkt von der Firma XXX ist, dann muss es ja gut sein."), bestätigen Sie ihn in dieser Annahme.

Hersteller von Premium-Marken haben aufgrund ihres Images bei ‚ihren' Kunden einen deutlichen Vorteil.

Hilfreich kann es sein, wenn Sie sehr genau zuhören, was der Dialogpartner bevorzugt, beziehungsweise wo oder bei wem er bereits gute Erfahrungen sammeln konnte.

14. Effekt: Aggravitations-Effekt

„Was ich nicht weiß, macht
mich nicht heiß.“

Worüber können Sie ein vernünftiges Urteil abgeben? Über
etwas, wovon Sie Ahnung haben.

Sonst sind wir bei Stammtischparolen. Demnach werden
Sie deutlicheren Kommentar zu Dingen geben, in denen Sie
sich auskennen.

Es findet eine Verstärkung (für Sie) bei benennbaren Beobachtungen statt. Anderes lassen Sie eher unter den Tisch
fallen.

Aus dem lateinischen Wort ‚aggravare‘ entwickelte sich das
fast unveränderte Wort Aggravation. Ursprünglich steht es
für ‚schlimmer machen‘ beziehungsweise ‚verschlimmern‘.

Hat Ihr Gesprächspartner mehr Erfahrung in technischen
Details, wird er diese auch eher bewerten als zum Beispiel
das Design.

Sind Sie in einem Verkaufs-Dialog, bleiben Sie in dem Themenbereich, in dem Sie sich auskennen.

Ihr Gesprächspartner wird Fachmann in seinem Bereich
sein, kennt sich aber in Ihrem Fachwissen nicht aus. Sonst
wären Sie höchstwahrscheinlich nicht im Dialog zusammen.

Sie wiederum sind eine Fachkraft auf Ihrem Gebiet. Deshalb können Sie hier gut argumentieren.

Je besser Sie in Ihrem Bereich werden, desto mehr werden
Sie anderes außer Acht lassen. Hier liegt ein kleines Risiko
versteckt.

Bekanntlich ändern sich von Jahr zu Jahr die Anforderungen
und Bedürfnisse der Gesellschaft und damit auch der Kunden.

Das, was immer gut war muss nicht zwangsläufig in Zukunft auch noch gut sein.

So kann es für Sie von Vorteil sein, wenn Sie hin und wieder
Ihre Kenntnisse überprüfen, ob diese wirklich noch dem
heutigen Stand entsprechen.

15. Effekt: Trichter-Effekt

„Das hätte ich auch gesagt."

„Wie hoch ist der Kölner Dom?", wird der erste in der Runde Sitzende gefragt.

„250 Meter", schätzt dieser. „Nein", meint ein zweiter. „Ich denke, der ist höchstens 200 Meter hoch." Der dritte legt sich auf 220 Meter fest, der vierte auf 275 Meter.

Alle Antworten bewegen sich um die zuerst genannte Zahl.

Der Schnitt der hier genannten Werte liegt übrigens bei 236,25 Metern.

Würde die erste Person die Zahl 150 angeben, würden wir uns in unserem Beispiel etwa so bewegen: 1. Angabe 150, 2. Angabe 100, 3. Angabe 120, 4. Angabe 175 Meter. Durchschnitt 136,25 Meter.

Das bedeutet: Wer immer zuerst eine Zahl nennt, gibt die Richtung für die Schätzwerte der nächsten Personen vor.

Der Trichter-Effekt weist nach: Je höher die Urteilsunsicherheit, desto eher greift der Gruppeneinfluss und es erfolgt eine Konformität des Urteils beziehungsweise der Schätzung.

Würde jeder einzeln und geheim befragt, kämen alle möglichen Zahlen heraus.

Der eine schätzt 50 Meter und der andere 500.

Wollen Sie also echte Schätzwerte von Kandidaten hören, so lassen Sie sie aufschreiben, ohne dass die anderen beim Nachbarn abgucken können.

Der Kölner Dom ist übrigens 157,38 Meter hoch.

Wie bewegt sich das Licht?

Der türkische Sozialpsychologe Muzafer Sherif (1906 – 1988) wies diesen Effekt nach, als er Personen in einem abgedunkelten Raum die Bewegung eines fixierten Lichtpunktes abschätzen ließ.

Durch eine optische Täuschung, dem sogenannten autokinetischen Effekt, scheint sich der Lichtpunkt im dunklen Raum zu bewegen.

So kam dann die Schätzung zustande, obwohl der Lichtpunkt fixiert war.

Mit dem Wissen über den Trichter-Effekt können Sie in Gesprächsrunden Themenbereiche so lenken, wie Sie es gerne hätte.

Nehmen wir an, Sie sitzen in einem Meeting mit Ihren Abteilungsleitern zusammen. Selbstverständlich achten Sie immer darauf, Kosten nicht ausarten zu lassen.

Und selbstverständlich liegt Ihnen daran, Abläufe zu optimieren.

Zu Gesprächsbeginn äußern Sie folgenden Satz: „Wie könnten wir es hinbekommen, unseren Umsatz innerhalb eines halben Jahres um 10 % zu steigern?"

Ab sofort wird sich in der Gesprächsrunde alles um die Zahl ‚10 %' drehen. Lösungsvorschläge und Argumente zielen darauf ab Ideen zu finden, wie diese 10 % erreichbar werden.

Wenn wir unterstellen, dass Sie engagierte Mitarbeiter um sich haben, werden Sie am Ende Ihres Treffens einen greifbaren Lösungsvorschlag erarbeitet haben.

Weshalb aber 10 %? Scheint Ihnen diese Zahl grundsätzlich realistisch zu sein? Wären 5 % oder 20 % auch denkbar gewesen?

Sie selbst haben die 10 % ins Spiel gebracht. Stellen wir uns vor, Sie hätten statt der 10 % 20 % gesagt.

Dann hätten sich alle Argumente rund um die 20 % gedreht. Genau wie bei der anderen Zahl wären Pros und Contras ausgetauscht worden.

Bei einem gut arbeitenden Team könnten am Ende auch bei dieser Zahl greifbare Lösungswege erarbeitet worden sein.

Mit diesem Beispiel soll gezeigt werden, dass es in Ihrer Hand liegt über welchen Wert geredet wird.

16. Effekt: Carpenter-Effekt

„Mein Arm denkt mit."

Der Carpenter-Effet hat seinen Namen nach dem englischen Naturwissenschaftler William Benjamin Carpenter (1813 – 1885), der diesen Effekt erstmals beschrieb.

Liebt mich Felix?

Bestimmt kennen Sie geheime Zirkel, natürlich nur vom Hören-Sagen, bei denen im Halbdunkel und bei Kerzenlicht eine Gruppe Gleichgesinnter um einen runden Tisch Platz genommen hat.

Auf dem Tisch liegt eine Platte mit verschiedenen Feldern. Diese sind mit den Buchstaben des Alphabeths und mit bestimmten Symbolen gekenntzeichnet. Auch Wörter wie ‚Ja' und ‚Nein' finden sich auf der Platte.

Es interessiert Sie schon eine Weile, ob der flott aussehende Felix etwas für Sie empfindet. Schlecht wäre es ja nicht. Wäre schon toll, es zu wissen.

Und jetzt haben Sie die Gelegenheit, es zu erfahren. Sie sind an der Reihe. Mit lang ausgestrecktem Arm halten Sie ein Pendel in der Hand. Das Pendel baumelt an einer dünnen Schnur genau über der Mitte der Platte. Jetzt ist es an der Zeit, die entscheidene Frage zu stellen, nämlich die, ob Felix, na Sie wissen schon.

Gepannt achten Sie darauf, in welche Richtung sich das Pendel bewegen wird. Zum ‚Ja-' oder zum ‚Nein-Feld'? Ihr Herz pocht gewaltig und insgeheim hoffen Sie natürlich auf den Pendelausschlag in Richtung des ‚Ja-Feldes'. Und dann geschieht es. Tatsächlich bewegt sich das Pendel langsam hin und her. Ihr Herz klopft immer stärker.

Und – unglaublich – das Pendel schlägt in Richtung ‚Ja'.

Sie sind überglücklich und gleichzeitig fassungslos. Wie konnte diese Botschaft übermittelt werden?

Hier war doch alles echt und kein Trick am Werk.

Sie hatten das Pendel selbst in der Hand! Sind hier doch übersinnliche Kräfte am Werk?

Nein, aber was geschah wirklich? Carpenter fand heraus, dass die Armmuskeln das Pendel in die erhoffte, in die gedachte Richtung ausschlagen lassen.

Auch die Augenbewegung in die gewünschte Richtung lässt den Muskel entsprechend aktiv werden.

Also: Denk-Mitbewegungen dirigieren das Handeln, ohne dass wir es wissentlich beeinflussen. Und was heißt das für uns in der Rhetorik?

Beobachten Sie Ihr Gegenüber genau. Vielleicht haben Sie schon einmal Folgendes bemerkt. Sie wollen mit Freunden über den Weihnachtsmarkt spazieren und fürchten umtriebige Diebe im Gedrängel.

Deshalb fragen Sie vorab Ihre Begleitung, ob sie ihre Geldbörse gut verstaut hat. „Ja", wird sie antworten und gleichzeitig mit der Hand auf die Stelle klopfen, wo das Portemonnaie steckt.

Ohne dass es Ihre Freunde wollten, hat sie Ihnen offenbart, wo sich das Geld befindet.

Lassen Sie im Spiel Kinder etwas im Zimmer verstecken. Nun kommen Sie dazu und fragen das Kind, wo das Versteckte ist. Mit etwas Glück wird das Kind nun dorthin linsen, wo das Versteckte liegt. Viel Erfolg.

Der Carpenter-Effekt zeigt wunderbar, dass Unerklärliches manchmal eine ganz banale Ursache hat.

Durch die Kraft Ihres Willens, der sich auf die Muskeln überträgt, können Sie Veränderungen erzeugen.

Vielleicht lässt sich das auf Motivationsgespräche übertragen.

Wenn Sie Ihrem Mitarbeiter Aussagen mitgeben wie: „Sie werden das schaffen. Stehen Sie auf und werden aktiv. Sie werden sehen, wie sich die Herausforderung fast von selbst löst."

Das soll sich alles nicht zu esoterisch anhören aber einen Hinweis darauf geben, wie möglicherweise kleinste Veränderungen zu erzielen sind.

17. Effekt: Mitte-Tendenz

„Der Durchschnitt stimmt
immer."

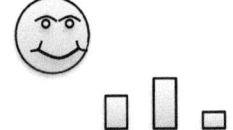

Der Mensch neigt dazu, Extremwerte zu vermeiden und sich eher in der Mitte zu bewegen. Das hängt einerseits mit dem später in diesem Buch beschriebenen Thema Konformität zusammen, andererseits mit der Überlegung, dass die Mitte sicher ist und kein Risiko eingegangen wird. Gibt es die Alternative A oder B, muss sich tatsächlich entschieden werden. Je nach Charakter wird nun die Entscheidung getroffen. Steht in einem Regal eine Flasche Wein für 7,90 Euro und daneben eine für 11,90 Euro, mag die Entscheidung bei allen Kunden halbe-halbe ausfallen. Halbe-halbe bedeutet, pro gekaufter Flasche, demnach einen Durchschnittsbetrag von 9,90 Euro.

Wenn der Verkäufer eine weitere Flasche mit dem Verkaufspreis von Euro 13,90 danebenstellt, werden sich die meisten Kunden für das mittlere Produkt entscheiden. Das Günstigste muss nicht unbedingt das Beste sein, das Teuerste muss auch nicht gewählt werden. Also dann die Mitte. Der Durchschnittsbetrag aller verkauften Flaschen beläuft sich nun auf 11,90 Euro. 2 Euro mehr als im Beispiel davor. Die teurere Flasche muss also überhaupt nicht zum Verkauf kommen. Ausschlaggebend ist lediglich, dass sie neben den beiden anderen steht.

Auch bei allen möglichen Befragungen, bei denen ein Feld in einer waagrechten Felderreihe angekreuzt werden kann, werden sich die Durchschnittswerte in der Mitte bewegen. Um die Mitte-Tendenz abzuschwächen, sollte keine ungerade Anzahl von Auswahlfeldern nebeneinanderstehen. Bei einer geraden Zahl muss zwangsläufig entweder auf der einen oder auf der anderen Seite angekreuzt werden. Das Ergebnis ist dann eindeutiger.

Ist diese Mitte-Tendenz auch innerhalb der Rhetorik zu erkennen? Ja. Bieten Sie drei Angebote an, wobei Sie selbst davon ausgehen, dass das preisintensivste nicht gewählt wird. Höchstwahrscheinlich dann das mittlere Angebot.

18. Effekt: Projektions- Fehlschluss

„Ich mach's ja auch."

„Das hätte ich nicht von dem gedacht. Wieso verhält der sich so? Ich wäre da ganz anders vorgegangen."

Tja, und genau hier liegt das Problem. Nur weil Sie sich so verhalten, heißt das noch lange nicht, dass sich Ihr Gegenüber ebenso verhält. Werden Sie mit solchen unerwarteten Verhaltensmustern konfrontiert, fühlen Sie sich unter Umständen vor den Kopf gestoßen. Sie verstehen den anderen nicht.

Der Projektions-Fehlschluss sieht eigene Eigenschaften in Relation zum Gegenüber. Halten Sie einem anderen die Tür auf, muss dieser es nicht zwangsläufig genauso tun. Sind Sie grundsätzlich ehrlich in Verhandlungen, kann es sein, dass Ihr Geschäftspartner Sie trotzdem aufs Kreuz legen will.

Projizieren Sie deshalb nicht Ihre Eigenschaften in andere. Akzeptieren Sie die Andersartigkeit und Vielfältigkeit der Menschen. Nehmen Sie das als Chance und lernen von anderen. Wie verhalten sich diese?

Wie gehen andere eine Aufgabe an? Wie reden, diskutieren und argumentieren sie? Durch Ihre Beobachtungen stärken Sie Ihr Einfühlungsvermögen. Somit können Sie lernen, andere und deren Beweggründe besser zu verstehen.

Tauschen Sie sich im Dialog aus, erreichen Sie eine Vorstellung über das beiderseitige Verhalten und die Vorgehensweise. Unwillkürlich übertragen Sie diese Erwartungshaltung auf Ihren Gesprächspartner. Dieser handelt möglicherweise ganz anders als Sie. Unter Umständen sogar so anders, dass sein Verhalten Ihren Erwartungen entgegenwirkt. Um diesen Effekt möglichst zu vermeiden ist es hilfreich, genaue Absprachen zu halten, Zwischenziele zu benennen und Vereinbarungen am besten sogar schriftlich festzuhalten. Äußern Sie klipp und klar, was Sie von Ihrem Gesprächspartner erwarten. Das lässt sich übrigens auch in sehr nettem Ton umsetzen. Dann kommt es zu keinen Enttäuschungen.

19. Effekt: Hawthorne-Effekt oder Versuchskaninchen-Effekt

„Im Rampenlicht stehen."

Der australische Soziologe George Elton Mayo (1880 – 1949) führte von 1927 bis 1932 in den Hawthorne Werken der Western Electric Company (Elektroindustrie) in Chicago empirische, also auf Erfahrung beruhenden Kenntnissen, Untersuchungen mit kleinen Arbeitsgruppen durch.

Licht an.

Dabei wurde die Arbeitsleistung von Kleingruppen in deren Arbeitsbereich bei Veränderung der Lichtverhältnisse getestet. Die Gruppe erhielt elektrisches Licht, worauf sich die Leistung messbar steigerte.

Licht aus.

Nach Versuchsende wurde das Licht wieder entfernt. Interessanterweise stieg die Produktivität ein weiteres Mal, statt auf das Ursprungsniveau zurückzukehren.

Dieses Experiment gilt als klassische Studie der Betriebspsychologie, da die Beobachtungen zeigten, dass das Ergebnis unabhängig von der experimentellen Manipulation erfolgt. Vielmehr war das Gefühl des Auserwähltseins wichtiger als die physikalische Variante.

Die Arbeitsleistung hängt also nicht nur von physikalischen Arbeitsbedingungen wie Licht, Temperatur, Feuchtigkeit und sozialen Regelungen wie Lohn und Arbeitszeit ab. Mehr greift das Gefühl, zu einem Experiment ausgesucht worden zu sein. Denn, egal was im Experiment verändert wurde – die Mitarbeiter fühlten sich motiviert.

Nutzen Sie den Hawthorne-Effekt, indem Sie Ihrer Gesprächsrunde Aufmerksamkeit schenken und vor allem Zeit. Die Teilnehmer der Runde werden Ihr Interesse positiv bewerten. Sie fühlen sich inspiriert, da sie Interesse von Ihrer Seite wahrnehmen. Und sie werden es Ihnen durch eine stärkere und/oder verstärkte Leistung danken.

Sparen Sie deshalb nicht mit Lob, dort, wo es hinpasst.

20. Effekt: Placebo-Effekt

„Glaube versetzt Berge."

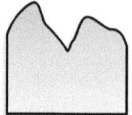

Sie liegen nach der Operation erschöpft im Krankenhaus. Es ist Abend. Sie können nicht einschlafen, da Sie nach der Operation Schmerzen quälen.

Nach längerem Zögern entschließen Sie sich, die Krankenschwester um ein Schmerzmittel zu bitten.

Nach einer Weile kehrt die Krankenschwester zurück und verabreicht Ihnen ein Mittel.

Es dauert nicht lange und Sie können schmerzfrei einschlafen.

Was war geschehen? Sie glauben selbstverständlich, dass Ihnen die geschulte Krankenschwester ein wirksames Mittel gegen Ihre Schmerzen gab.

Tatsächlich hat sie, mit großer Wahrscheinlichkeit, eine unschädliche Zuckerlösung verabreicht.

Sie selbst sind überzeugt, ein echtes Medikament erhalten zu haben.

Aufgrund dieser Annahme, das Vertrauen in das Wissen der Krankenschwester und eben aufgrund des Placebo-Effekts, wirkt interessanterweise das Präparat.

Und dieses Medikament (Scheinarzneimittel) wird Placebo genannt.

Ich werde gefallen.

Das klinische Wörterbuch, Pschyrembel, erklärt den Begriff Placebo so: „Ich werde angenehm sein beziehungsweise ich werde gefallen, aus dem Lateinischen ‚placere'.

Es handelt sich um ein Scheinmedikament mit einer unwirksamen indifferenten Substanz."

Der Placebo-Effekt wirkt nicht aufgrund seiner pharmakologischen Wirkstoffe, sondern weil der Glaube an die richtige Entscheidung des Arztes, beziehungsweise der Glaube an die heilende Wirkung des Scheinmedikamentes greift.

Tatsächlich lassen die Schmerzen nach.

Hier passt der Spruch „Der Glaube versetzt Berge".

Der Placebo-Effekt wirkt also, weil Ihre Erwartung als Patient (die Krankenschwester gibt Ihnen ein schmerzstillendes und wirksames Medikament) greift. Und die erwartete Wirkung setzt ein.

Sollten bei Ihnen nach Einnahme dieses ‚Schmerzmittels' die Schmerzen nicht nachlassen, werden Sie nach angemessener Zeit wieder die Krankenschwester zu sich bitten.

Sie erhalten erneut ein Medikament. Und jetzt ein echtes! Schlafen Sie gut.

In Krankenhäusern wird durch diese Vorgehensweise vermieden, Patienten unnötig mit Medikamenten vollzupumpen.

Angeblich wirkt der Placebo-Effekt bei ca. 50 Prozent aller Fälle.

Placebo-Responder.

Patienten, die auf Placebos ansprechen, werden Placebo-Responder genannt. Interessanterweise sollen zwischen 10 und 25 Prozent der Patienten, die ohne ihr Wissen ein Placebo erhielten, über Nebenwirkungen wie Kopfschmerzen oder Depressionen geklagt haben.

Was ja ‚eigentlich' nicht sein kann, da das Placebo keinerlei Wirkung auslösen dürfte.

Wie lässt sich der Placebo-Effekt auf die Rhetorik anwenden? Denken Sie positiv!

Tragen Sie einen Glücksbringer bei sich, dann wird Ihnen dieser in kritischen Situationen helfen.

Allerdings bezieht sich dieser Effekt ja auf Scheinmedikamente.

Wenn Sie Ihren Geschäftspartnern oder Kunden von der stärkenden Wirkung eines Produkts mit einem tollen neuen Zusatz erzählen, kann hier, in Ihrem Sinn, der Placebo-Effekt wirken.

21. Effekt: Nocebo-Effekt

„Zweifel an der Wirklichkeit."

Der Nocebo-Effekt (lat. nocebo = ich werde schaden) ist das Gegenteil vom Placebo-Effekt. Haben Sie Zweifel an der Wirksamkeit von Medikamenten, reduziert sich deren Wirkung in Ihrem Körper.

Gegebenenfalls wird die Wirkung sogar komplett aufgehoben.

Das bedeutet dann im medizinischen Sinn: Falls Sie einer Behandlung skeptisch gegenüberstehen, steht der Behandlungserfolg auf wackeligen Beinen.

Als betreuende Ärztin oder Arzt ist es deshalb sinnvoll, den Patienten positiv auf eine Behandlung einzustimmen, um den Nocebo-Effekt möglichst zu vermeiden.

Das Magazin DAK Impulse 5/2014 schlägt deshalb unter dem Titel ‚Kraft der Psyche' Patienten vor: „Sie stehen einer geplanten Behandlung kritisch gegenüber?

Dann suchen Sie ein ausführliches, klärendes Gespräch mit Ihrem Arzt!"

Spüren Sie Zweifel des Gesprächspartners an Ihrem Angebot, empfehlen Sie ihm lieber, noch einmal darüber zu schlafen oder bei anderen Anbietern ein zweites Angebot einzuholen.

Dann kann er in aller Ruhe seine Entscheidung treffen. Drängen Sie ihn nicht. Die Gefahr der Reklamation ist später groß.

Trifft gut trainiertes Verkaufspersonal auf einen reklamierenden Kunden und spürt, dass dieser ihm die Kompetenz abspricht, tun Sie gut daran, den Vorgesetzten zu bitten, das Gespräch weiterzuführen.

Möglicherweise glaubt der Kunde hier einen Fachmann vorzufinden, der ihn versteht, wie er bedient werden muss.

Plötzlich steht einer Lösung kaum mehr ein Hindernis im Weg.

22. Effekt: Milde-Effekt

„Klüngel oder Korruption?"

Soll das Verhalten anderer Menschen bewertet werden, spielt die eigene Einstellung zum Gegenüber eine bedeutende Rolle.

Ist Ihnen das Gegenüber sympathisch, weil es zum Beispiel aus demselben Wohnort kommt wie Sie selbst oder dieselbe Universität besucht hat usw., neigen Sie dazu, milder zu beurteilen.

Negatives werten Sie nicht so deutlich, wie Sie es bei Fremden täten.

So sollten in einer Jury keine Entscheider sitzen, wenn Bekannte oder Freunde bewertet werden müssen.

In einem Verkaufsgespräch können Sie sich aber gerade diesen Milde-Effekt zunutze machen.

Vor dem echten Verkaufsgespräch wird meist ein kurzer Smalltalk geführt.

Dieser bietet die wunderbare Möglichkeit, Gemeinsamkeiten mit dem Gegenüber herauszufinden.

War er möglicherweise an einem Urlaubsort, an dem Sie auch schon einige Tage verbrachten? Betreibt er ein ähnliches Hobby wie Sie?

Hören Sie deshalb zu Beginn des Gesprächs sehr aufmerksam zu. Häufig verstecken sich Informationen sozusagen zwischen den Zeilen.

Manchmal ist auch ein Bild, ein Poster oder ein Souvenir im Raum, das auf mögliche Gemeinsamkeiten hinweist.

23. Effekt: Baskerville-Effekt

„Meine Unglückszahl ist die 4."

Noch ein lustiger Effekt, oder vielleicht doch nicht so lustig?

Der US-amerikanische Forscher David P. Phillips machte 2011 bei US-amerikanischen Menschen chinesischer und japanischer Abstammung die Beobachtung, dass diese häufiger am 4. eines Monats einen Herztod erleiden.

Er führte das zurück auf die in weiten Teilen Asiens übliche Unglückszahl 4.

Dabei bezieht sich der Name des Baskerville-Effekts auf die Hauptfigur Charles Baskerville aus dem Roman ‚Der Hund von Baskerville' von Sir Arthur Ignatius Conan Doyle (1859 – 1930) aus dem Jahr 1902.

Der abergläubische Baskerville geriet wegen eines Hundes in Stress und verstarb an einem Herzinfarkt.

Unglaublich mögen Sie denken? Naja. Wer steckt schon im Kopf und in der Gefühlswelt eines anderen?

In unserer Kultur gilt die Zahl 13 eher als Unglückszahl.

Immer mal wieder ist zu beobachten, dass sich Geschäftspartner weigern, einen Vertrag am 13. eines Monats zu unterschreiben. Weshalb sollte ein anderer dann nicht bei der Zahl 4 nervös werden?

Gerade heutzutage, wo wir schon lange globalisiert arbeiten und denken, treffen wir auf so viele interkulturelle Unterschiede, dass bei etwas Sensibilität auf die Bedürfnisse des Gegenübers geachtet werden kann.

24. Effekt: Effort-Effekt

„Lieber dumm, dafür fleißig."

Die US-Psychologin Carol Dweck (*1946) von der Stanford-Universität fand etwas Phänomenales heraus. Sie testete Schulkinder mit Aufgaben verschiedener Schwierigkeitsstufen.

Nach dem Ergebnis gab sie einer Gruppe die Rückmeldung, „Du bist wirklich schlau" und der anderen Gruppe das Feedback „Du hast dich offenbar wirklich angestrengt."

In der ersten Rückmeldung wurde der Bezug zur Intelligenz hergestellt, in der zweiten zum Fleiß beziehungsweise zur Anstrengung.

In der Versuchsreihe zeigte sich deutlich, dass die Teilnehmer der ersten Gruppe auf Dauer ein schwächeres, schlechteres Ergebnis ablieferten.

Sie gingen davon aus, dass sie dank ihrer Intelligenz die Aufgabe sowieso lösen würden.

Die Kinder der zweiten Gruppe zeigten stärkere, bessere Ergebnisse, da sie in ihrem Streben nach einem guten Resultat gesehen werden wollten.

Carol Dweck nannte diese Beobachtung Effort-Effekt, wobei Effort für das englische Wort ‚Fleiß' steht.

Wollen Sie demnach eine Leistungssteigerung bei Ihren Mitarbeitern erzielen, dann loben Sie zwar, aber beziehen sich nicht auf die Intelligenz, sondern auf den erkennbaren Fleiß.

25. Effekt: Rebound-Effekt

„Besser ist schlechter."

„Oh", denkt sich der Kunde. „Das Shampoo in doppelter Menge aber mit einem 20-prozentigen Nachlass zur üblichen Abfüllung. Das ist ein Schnäppchen!"

Begeistert kauft der Kunde nun zwei der Angebots-Packungen.

Er hat mit beiden Doppelpackungen die Menge von vier üblichen Flaschen.

Reicht eine Flasche üblicherweise für einen Monat, braucht er vier Flaschen für vier Monate. Also sollten die zwei Doppelpackungen für diese Zeit ausreichen.

Tun sie aber nicht. Wieso das denn? Der Grund ist, dass eine größere Verpackung zum Mehrverbrauch führt.

Vielleicht hat er nach dreieinhalb Monaten schon alles aufgebraucht.

Lassen Sie uns eine einfache Rechnung aufstellen:

1 Flasche regulär	€ 10,-	1 Woche	
4 Flaschen regulär	€ 40,-	4 Wochen	€ 35,- für 3,5 Wochen
1 Doppel-Flasche	€ 18,-		
2 Doppel-Flaschen	€ 36,-	3,5 Wochen	€ 36,- für 3,5 Wochen

Der Kunde bezahlt einen Euro mehr.

Sein Schnäppchen entpuppt sich als Nachteil.

Und genau so wirkt der Rebound-Effekt: Das mögliche Einsparpotenzial wird nicht verwirklicht.

Also: Auf der einen Seite werden Kosten gespart, dafür steigt auf der anderen Seite beispielsweise der Verbrauch.

Durch den Mehrverbrauch entstehen am Ende mehr Kosten als ursprünglich.

Nehmen wir ein anderes Beispiel. Die Kosten für die Telefonate gingen deutlich zurück, verursacht durch die Einführung der Flatrates bei Smartphones.

Gleichzeitig wird nun häufiger telefoniert, gesimst oder werden Nachrichten ausgetauscht. Das nimmt mehr Zeit in Anspruch als früher.

Die Einsparung der Telefonkosten führen zu mehr Zeitaufwand für die Nutzung des Gerätes. Möglicher Zeitdruck und Stress können die Folge sein.

Unabhängig davon steigen die Kosten für die Smartphones, die nun häufiger ausgetauscht werden als zu früheren Zeiten.

Manchmal ist weniger mehr. Mancher Redner oder Verkäufer schüttet den Zuhörer beziehungsweise den Kunden regelrecht mit Informationen zu.

Das menschliche Gehirn kann in einer bestimmten Zeit nur eine überschaubare Menge an Informationen begreifen und verarbeiten.

Gibt es zu viele Informationen, dringen sie nicht mehr in die Aufnahmemöglichkeit des Zuhörers.

Dieser wird unaufmerksam, schaltet vielleicht sogar ganz ab. So bekommt er am Ende weniger mit, als dem Redner recht gewesen wäre.

Konzentrieren Sie sich in Verkaufsgesprächen deshalb auf wenige Punkte, die Sie bildhaft und tiefgehend begreifbar machen.

Sie erreichen die Aufmerksamkeit Ihres Zuhörers, da er die Informationen besser verarbeiten kann. Er folgt Ihren Argumenten leichter und wird demnach eher zustimmen.

26. Effekt: Bystander-Effekt

„Warum ich?"

Ein Passant nähert sich einer Gruppe Menschen. Etwas ist passiert, vielleicht ist jemand verunglückt. Nichts geschieht, keiner hilft, obwohl die Gruppe der Zuschauer immer größer wird.

Weshalb sollte der Passant helfen, wenn viele andere ebenso vor Ort sind? „Die können ja auch helfen."

Je größer die Gruppe, desto mehr greift der Effekt. Der Einzelne fühlt sich in der Gruppe sicher und wird in seinem Nichtstun bestärkt (da die anderen ja auch passiv bleiben).

Der Bystander-Effekt wird auch Zuschauer-Effekt oder Genovese-Syndrom genannt. Die US-Amerikanerin Catherine Susan (Kitty) Genovese (1935 – 1964) fiel einem Mordanschlag zum Opfer. Angeblich beobachteten das Vorgehen 38 Personen aus der Nachbarschaft – und keiner half. Über eine halbe Stunde dauerten die Übergriffe des Mörders. Übrigens: Der Mörder wurde mehrfach bei seinem Handeln beobachtet.

Möchten Sie, dass Ihre Mitarbeiter kreativ und intrinsisch motiviert handeln, ermutigen Sie sie dazu, immer wieder Profil zu zeigen und Meinungen zu vertreten, die unter Umständen nicht der Meinung der großen Masse gleichen.

Fordern Sie auf, aus dem ewig gleichartigen Trott auszubrechen. Es gibt viele Optionen, auch gedanklich erfolgreich in die Zukunft zu investieren.

Fordern Sie Ihre Mitarbeiter dazu auf aufzustehen und einzugreifen, wenn jemand belästigt oder gar angegriffen wird. Dabei ist es egal, ob er körperlich oder psychisch bedrängt wird.

Effektives Wissen

Haben Sie sich, liebe Leserin, lieber Leser, durch die Beispiele der effektiven Welt gearbeitet? Haben Sie sich in einigen Fällen wiedererkannt?

Und schließlich, ist Ihnen bewusst geworden, welche Handlungsoptionen derjenige hat, der das Verhalten des Gesprächspartners vorausahnen kann?

Beobachten Sie Ihre Umwelt genau. So können Sie an vielen Stellen feststellen, wo sich Effekte verstecken. Sie können sehen, wie Menschen auf die Effekte reagieren.

Dadurch, dass Sie die Auswirkungen eines Effektes einschätzten können, genießen Sie einen Vorteil.

Ganz Geschickte werden mit bestimmten Effekten provozieren, um damit nicht nur den Einzelnen, sondern auch Mengen oder Massen von Menschen zu lenken.

Der berufliche Erfolg sollte unter dieser Erkenntnis und Ausnutzung der Möglichkeiten nicht lange auf sich warten lassen.

Teil 3 – Konformität und Gruppenzwang

Sich dem Zwang der Gruppe beugen

Der Störende fliegt raus!

Liebe Leserin, lieber Leser, der dritte Teil konzentriert sich auf das Thema Konformität – also eine gewisse Angepasstheit im sozialen Umfeld.

Der Mensch kann als Individuum allein nicht überleben. Er benötigt das soziale Zusammenleben mit anderen. Das ermöglicht ihm einen notwendigen Schutz.

Damit das Zusammenleben in der Gruppe möglich ist, muss bestimmten ausgesprochenen und nicht ausgesprochenen Regeln gefolgt werden.

Wer gegen diese Regeln verstößt, wird schnell als Störer in der Gemeinschaft betrachtet.

Der Störende untergräbt den gegenseitigen Schutz in der Gruppe. Die soziale Gruppe muss zusammenhalten.

Bei Gefahr von außen muss sie aus eigenem Schutzbedürfnis wie eine geschlossene, einstimmig auftretende Einheit dastehen.

Wer diese Einheit stört oder zu stören droht, schadet der Gemeinschaft. Er riskiert, zum Außenseiter zu werden oder gar aus der Gemeinschaft verbannt zu werden.

Somit wäre er allein und – siehe oben – nicht überlebensfähig.

Aus diesen Überlegungen folgt fast zwangsläufig, dass sich der Einzelne gesellschafts- und gruppenkonform verhält.

Hierzu gibt es einen wunderbaren Versuch von Solomon Asch.

Das Experiment von Solomon Asch

Der polnische Gestaltungs- und Sozialpsychologe Solomon Elliot Asch (1907 – 1996) führte mehrere Versuche durch, um das konforme Verhalten von Menschen zu beweisen.

Im Ergebnis der Versuche wurde festgehalten, dass der soziale Einfluss auf ein Ergebnis deutlich erkennbar ist.

Der Mensch neigt dazu, die Meinung oder das Verhaltensmuster anderer Gruppenmitglieder anzunehmen – wohlgemerkt, obwohl er merkt, dass diese Meinung nicht korrekt ist.

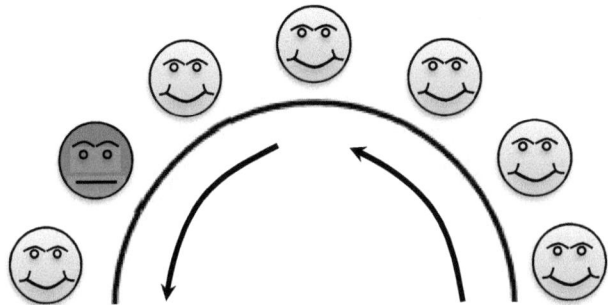

Asch platzierte 1970, wie abgebildet, sieben bis neun Personen im Halbkreis. Tatsächlich war nur eine Person (die zweite von links) eine echte Versuchsperson, die anderen waren eingeweiht. Mit solch einer Versuchsgruppe führte er 12 bis 18 Durchgänge durch.

Er zeigte den Teilnehmern der Reihe nach (in Pfeilrichtung) eine Karte mit der Standard-Linie und eine Karte mit Vergleichs-Linien.

Links = Standard-Linie

Rechts = Vergleichs-Linien

Die Teilnehmer sollten nun die Linie benennen, die dieselbe Länge wie die Standard-Linie hatte.

Die eingeweihten Mitspieler nannten bewusst eine falsche Vergleichs-Linie, um die Versuchsperson zu manipulieren.

Das überraschende Ergebnis:

ca. 37 % – 45 % der tatsächlichen Versuchspersonen	ca. 30 %	ca. 25 %
nehmen falsche Meinung an	nehmen falsche Meinung _immer_ an	nehmen falsche Meinung nie an

Weshalb kommt es zu diesem Ergebnis? Mögliche Auslegungen zu diesem Verhalten:

- Angst, sich zu blamieren
- Zweifel an sich selbst
- Mangelndes Selbstbewusstsein
- Angst, aus der Gruppe ausgeschlossen zu werden
- Bequemlichkeit, um mögliche Diskussionen zu vermeiden
- Herdentrieb
- Gruppenzwang – keiner will auffallen

Druck und Unwohlsein

Später fand ein Austausch mit den ausgewählten Teilnehmern statt.

Dabei stellte sich heraus, dass viele von ihnen nur unter ungutem Gefühl sich der Gruppenmeinung angeschlossen hatten.

Die meisten fühlten sich in ihrer getroffenen Entscheidung nicht wohl, wollten aber aus oben genannten Gründen nicht auffallen.

Corporate Identity

Das konforme Verhalten erleben wir an allen Ecken dieser Gesellschaft.

Betrachten wir beispielsweise ein Vereinsleben, Glaubensgruppierungen, Dorfgemeinschaften oder andere, werden wir immer beobachten können, dass der Einzelne dieser Gruppe sich auch nach außen hin so zeigt, dass ein Fremder ihn als Zugehörigen der Gruppe erkennt.

Das wird beispielsweise an bestimmten Begrüßungsritualen untereinander sichtbar.

Die, die zur Gruppe gehören, outen sich gegebenenfalls durch ein bestimmtes Outfit: ein gleichfarbiges Polo oder einen sportlichen Schal um den Hals.

Manchmal gibt es einen gruppeneigenen Gesang oder Schlachtruf.

Nach außen hin wird ganz deutlich gemacht „Ich gehöre zu dieser Gruppe".

Und weiter: „Solltest du mir etwas Böses wollen, steht meine Gruppe sofort hinter mir."

Konformität in der trickreichen Kommunikation

In einer sauberen Kommunikation soll der Effekt der Konformität bei den Befragten weitgehend vermieden werden, damit die Antworten verwertbar werden. Deshalb führen Einzelinterviews eher zu ehrlichen Antworten. Wünschen Sie möglichst individuelle Antworten zu erzielen, ist die Befragung in einer Gruppe nicht sinnvoll.

Bei der Manipulation hingegen ist dieser Effekt sehr interessant und ebenso gut einsetzbar.

Wenn Sie sich im Gespräch, so ganz nebenbei, darauf beziehen, dass andere sich auch so und so entschieden haben, steigt die Tendenz deutlich, dass Ihr Gegenüber sich aus den genannten Gründen konform und damit in Ihrem Sinn gewünscht, verhält.

Passende Satzeinschübe wie die hier aufgelisteten, helfen dabei:

- „... wie auch die meisten Ihrer Kollegen es machen wollen ..."

- „... wie ja jeder weiß, dass ..."

- „... für uns alle ..."

- „... im Sinn der Kollegialität ..."

Ist konformes Verhalten richtig?

Die Frage, ob konformes Verhalten richtig ist, lässt sich trotz aller vorangestellten Überlegungen kaum eindeutig beantworten.

Durchdenken Sie folgende Beispiele der Konformität auf ‚richtig' oder ‚falsch'.

Auf der Autobahn fahren alle in der vorgegebenen Richtung. Das entspricht einer 100-prozentigen Konformität.

Fährt jemand entgegen der vorgeschriebenen Fahrtrichtung, wird er zum Geisterfahrer.

Die Fußgängerampel zeigt rot. Alle Fußgänger bleiben stehen. Alle?

Der erste überquert nach einem prüfenden Blick die Straße. Ein zweiter folgt, dann der nächste, schließlich möglicherweise alle.

Wer hat sich konform verhalten? Derjenige, der gesetzeskonform stehenbleibt oder derjenige, der gruppenkonform mit den anderen die Straße kreuzt?

Laura schlägt ihren Kolleginnen vor, die Mittagspause gemeinsam beim Chinesen zu verbringen. Mara würde lieber zum Italiener gehen.

Alle anderen entscheiden sich für den Chinesen. Mara schließlich auch. Sie verhält sich konform.

Ein paar junge Leute, vielleicht 100 sogar 1.000, feiern ausgiebig ihre gute Laune im Club (der früher mal eine Diskothek war). Plötzlich brennt es irgendwo.

Schlagartig strömen alle in Richtung des Ausgangs. Eine erste Person stolpert und fällt auf den Fußboden.

Die anderen trampeln rücksichtslos über die am Boden liegende Person hinweg. Die Katastrophe nimmt ihren Lauf.

Die Fußballmannschaft hat einen verdienten Sieg eingefahren. Sie hat den ersten Platz errungen.

Die Nationalhymne wird angestimmt.

Alle singen mit – außer einem. Akzeptiert das Publikum dieses Verhalten?

Die Schule lässt abstimmen, ob die Schülerinnen und Schüler in Zukunft eine Schuluniform tragen wollen.

Dabei spielt der Gedanke mit, sozial schwächeren Schülern durch diese Uniform die Möglichkeit zu geben, gleich auszusehen wie die anderen.

Damit würde das Lehrpersonal nicht durch das Outfit der Schüler beeinflusst. Wie werden die Schüler abstimmen?

Die Presse macht es publik. Ein 43-jähriger Familienvater aus der Nachbarschaft hat sich an einem jungen Mädchen vergangen.

Die Empörung ist überall spürbar. In allen Medien wird ständig über diesen Fall berichtet.

Schon ist der erste Ruf auf der Straße zu hören „Hängt ihn auf!"

Viele Anhänger unterstützen offen oder heimlich diesen Aufruf. Ein Fall von Selbstjustiz droht.

Wie ist mit der Konformität umzugehen?

Aus der Masse ragen

Konformes Verhalten ist in der Umsetzung relativ einfach. Der Einzelne orientiert sich an den anderen und verhält sich wie diese.

Was geschieht mit der Psyche eines Menschen, wenn er sich immer konform verhält? Wo bleibt seine Individualität? Wird diese nicht zu deutlich eingeschränkt? Wird der Mensch in seiner Entwicklung gar gehemmt?

Wären alle gleich, gäbe es keine Weiterentwicklung. Alles wäre so, wie es schon ewig war und wie es ewig sein müsste.

Nur dadurch, dass Einzelne mutig genug sind, den Kopf aus der Masse zu strecken, um neue Wege zu suchen und zu gehen, ist eine Veränderung erst möglich.

Die Gesellschaft braucht also denjenigen, der sich nicht konform verhält. Sie ist darauf angewiesen, dass jemand das konforme Verhalten durchbricht.

Also her mit dem Individualisten, dem Visionär, dem Revolutionären! Bringt Bewegung, Stimmung und Aktion ins Leben! Wir wollen Neues – wir wollen uns weiterentwickeln.

Halt!

Widerspricht dieser Aufruf nicht der Konformität? Was ist denn nun richtig?

Abstimmung – Kompromiss

Beides scheint wichtig und richtig im gesellschaftlichen und damit auch im beruflichen Zusammenleben zu sein.

Jeder muss zwangsläufig für sich selbst entscheiden, inwieweit und wann er sich konform verhält oder wann er mal etwas ,riskiert'.

Gruppenzwang

„Du musst das so machen!"

Wer lässt sich gerne unter Zwang setzen? Es gehört zu der Natur des Menschen, sich frei bewegen zu können.

Er soll sich so weit austoben, wie er will. Schließlich soll er sich entfalten und weiterentwickeln können.

Wer sich gedanklich und räumlich unbehindert bewegen kann, kann diesen Entwicklungs-Fortschritt erreichen.

Die Natur behindert

Nun gibt es zwangsläufig Grenzen, die uns die Natur setzt. Hier zuerst mal die räumliche.

Gemeint sind die geographischen Gegebenheiten. Eine Schlucht, eine unüberwindbare Bergkette oder ein Ozean begrenzen die Bewegungsfreiheit.

Witterungsbedingungen tun das ihre, um es dem Menschen nicht zu leicht zu machen. Auf der einen Seite höllische Hitze, auf der anderen klirrende Kälte.

Diese beiden Gruppen der Einschränkungen hat der Mensch gelernt zu überwinden.

Allerdings gibt es noch einen dritten Bereich, der Grenzen aufzwingt.

Der Mensch behindert

Zuerst einmal der Mensch als solcher. Er ist verletzbar, er muss schlafen und sich erholen, er altert. Er benötigt Zeit, sei es um sich zu regenerieren.

Und dann kommt der andere ins Spiel – der andere Mensch.

Solange wir sagen, jeder kann sich zwanglos bewegen, sofern er einen anderen Menschen weder psychisch noch physisch verletzt, können die meisten dem zustimmen.

Bewegt sich einer auf der kürzesten Strecke von A nach B und ein anderer auf derselben Strecke von B nach A, muss es zu einer Kollision kommen.

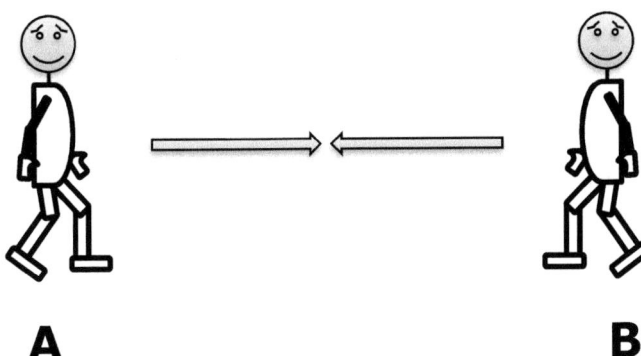

A **B**

Um dieser auszuweichen, muss mindestens einer der beiden einen Schritt zur Seite treten. Dann kann der andere problemlos passieren. Einer wurde demnach gezwungen, seinen direkten Weg, wenn auch nur kurzfristig, zu verlassen. Kaum einer wird das als tragisch bezeichnen.

Nehmen wir dieselbe Situation samstags mittags in der Fußgängerpassage. Dort ist es brechend voll – voller Menschen. Ständig muss einer ausweichen, um Kollisionen zu verhindern.

Die meisten Menschen werden gezwungen, sich aufgrund eines wildfremden Passanten anders zu verhalten.

Ohne diesen Zwang könnten sich die Menschen nicht in der Fußgängerzone bewegen.

Nicht unterschätzen: Es handelt sich hierbei um Fremde. Fahren Sie mit Bus oder Bahn, werden Sie gleichfalls oft gezwungen, sich in einer bestimmten Art zu verhalten.

Sei es beim Ein- und Ausstieg, bei der Wahl des Sitz- oder Stehplatzes usw. Die Gruppe der Fahrgäste übt gegenseitigen Zwang aus. Eine Gruppe bewirkt die Veränderung des individuellen Verhaltens.

Lassen Sie uns noch einen kleinen Schritt weitergehen, um eine kleinere Gruppe zu betrachten. Nehmen wir eine Gruppe von Freunden, die zusammen ausgehen will. Gemeinsam wollen die Freunde etwas erleben.

Zwang – Kompromiss – Leben

Damit alles so klappt wie es soll, wird der eine oder andere (vielleicht alle) hier und dort auf Kompromisse eingehen.

Jeder in der Gruppe ist – in der Regel – bestrebt, Harmonie walten zu lassen und eine schöne Stimmung aufzubauen.

Ein jeder zwingt sich sozusagen selbst, diszipliniert vorzugehen.

Genau betrachtet besteht Zwang überall um jeden herum.

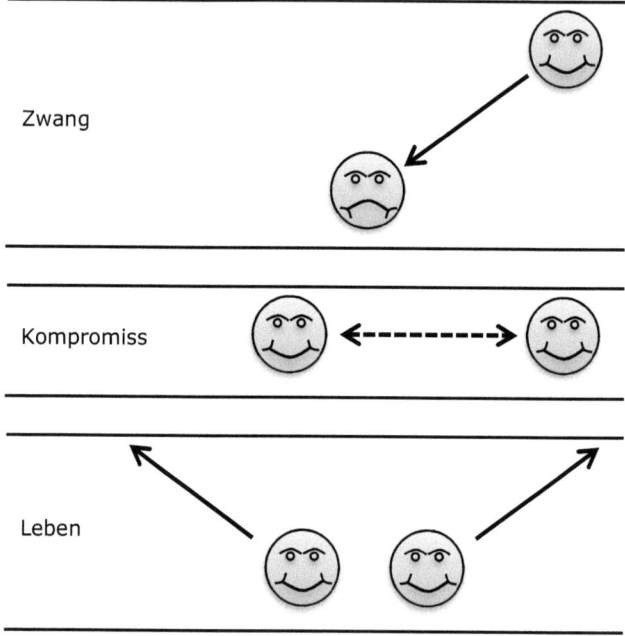

Durch den ausgeübten Druck kann schließlich jeder (ziemlich) frei leben.

Die Gruppe übt einen deutlichen Zwang auf den Einzelnen aus

Solomon Asch zeigte mit dem oben beschriebenen Versuch deutlich, dass die Gruppe einen Druck, den sogenannten Gruppenzwang, auf den Einzelnen ausübt. Der Einzelne verhält sich so, wie die Gruppe es von ihm erwartet.

Wir vertiefen dieses interessante Thema, denn Konformität und Gruppenzwang gehören zueinander. Beide Themen sind deutlich miteinander verknüpft.

Wie oben beschrieben wird von Konformität gesprochen, wenn ein Mensch im Verhalten mit der erwarteten Haltung der Gesellschaft übereinstimmt.

Ein Mensch verhält sich dann konform, wenn er sich so verhält, wie er denkt, dass die Gesellschaft erwartet, wie er handeln soll. Uff, schwierig.

Also: Wenn ich zu Beginn eines Geschäftsgesprächs annehme, dass mein Gegenüber erwartet, dass wir uns die Hand reichen – und ich dann die Hand reiche, verhalte ich mich konform.

Norm

Die Gesellschaft stellt ‚Normen' auf. Was gilt als ‚normal' in einer Gesellschaft? Die Normen ermöglichen das reibungslose Zusammenleben in einer sozialen Gruppe.

So gibt es Regeln, Verhaltensmuster, Gesetze, Tabus usw., damit jeder in derselben sozialen Gruppe weiß, was als ‚richtig' oder ‚falsch' betrachtet wird.

Verhält er sich der Norm entsprechend, also ‚normal', dann ist sein Leben in der Gesellschaft gesichert.

Unnormal

Verhält er sich anders, als die Norm es erwartet, wird sein Verhalten und damit er selbst als ‚unnormal', manchmal als ‚anormal' bezeichnet.

Er riskiert, von der Gesellschaft bestraft oder gar von der Gesellschaft ausgestoßen zu werden.

Daraus folgt: Um sich selbst zu schützen, sucht der Mensch den Weg innerhalb seiner sozialen Umgebung, auf dem er möglichst wenig aneckt oder sich anders verhält als erwartet wird.

Dilemma für den Kreativen

Zwang der Gruppe

Nun ist es nachvollziehbar, weshalb sich die Mehrheit der Menschen gesellschaftskonform verhält. Gleichzeitig wird das Individuum allerdings auch seiner Besonderheiten beraubt beziehungsweise eingeschränkt. Es darf nur noch das tun, was andere von ihm erwarten.

Die soziale Gruppe, in der das Individuum lebt, übt demnach einen teilweise sehr starken Zwang auf den Einzelnen aus. Die Fremdbestimmung ist stark und es kann sein, dass ein Einzelner darunter leidet. Wird er seine eigenen, ‚anderen' Vorstellungen und Handlungsweisen realisieren, riskiert er, dass die Gesellschaft ihn nicht mehr achtet, ihn möglicherweise als ‚Spinner' bezeichnet.

Der Spinner

Andererseits: Gäbe es diese Spinner nicht, wären Neuigkeiten in jeglicher Gesellschaft nur außerordentlich schwer umzusetzen. Fast alle Erfindungen beruhen darauf, dass es – wohlwollend gemeint – Spinner gab, die es schafften, anders als die Gesellschaft zu denken und vor allem anders zu handeln. Und das oft konkret entgegen der gesellschaftlichen Norm.

Anders ausgedrückt bedeutet das, dass es für eine Gesellschaft sehr gut ist, wenn es Einzelne gibt, die die Norm verletzen und Neues einbringen.

„Wie soll ich mich verhalten?"

Aus psychologischer Sicht ist die Verhaltensweise des Einzelnen nachvollziehbar.

Allerdings kann dieses konforme Verhalten manchmal in eine Art Dilemma münden.

Verhält sich der Einzelnen konform, verstößt er möglicherweise gegen seine eigenen Überlegungen. Nur weil viele sich in einer bestimmten Art verhalten, muss das nicht zwangsläufig richtig sein.

Die Historie zeigt unzählige Beispiele. Auch in der Gegenwart werden wir ständig mit gruppenkonformem Verhalten konfrontiert. Stoßen zwei Gruppen mit gegenseitiger Ausrichtung aufeinander, kann es zu Streitigkeiten, Auseinandersetzungen, sogar Kriegen kommen.

Transfer aufs Berufliche

Wenn Sie als Redner/Rednerin, Verkäufer/Verkäuferin, Präsentierender/Präsentierende erfolgreich sein wollen (und das unterstellen wir), benötigt es einerseits eines konformen Verhaltens und andererseits dem etwas riskanteren ‚aus der Masse ragen'.

Zum ersten Bereich zählen beispielsweise Ihre hervorragenden Umgangsformen, der empathisch und menschliche Umgang mit Ihren Zuhörern sowie die Einhaltung der formalen Struktur.

Der zweite Bereich eröffnet Ihnen die Möglichkeit, Ihr Thema kreativ, innovativ, verrückt – also andersartig – darzustellen.

Überzeugen Sie Ihre Teilnehmer beziehungsweise Zuhörer von Ihrer Einzigartigkeit.

Sie – und nur Sie – sind diejenige Person, die den Zuhörern Lösungswege zeigt und Lösungen anbietet. Machen Sie sich einzigartig.

Treten Sie in Erscheinung

Sie haben nun die Gedanken zum Thema Gruppenzwang und Konformität durchlaufen. Es wurde gezeigt, welche Vor- und Nachteile konformes Verhalten hat.

Wenn Sie wollen, können Sie aus den genannten Gründen Profil zeigen.

Durch Ihr individuelles Auftreten können Sie das konforme Verhalten beeinflussen und in die von Ihnen gelenkte Richtung bringen.

Dann haben Sie es geschafft, die bisherige Wahrnehmung und Wahrheit des Einzelnen in eine andere Richtung zu bewegen.

Diese Fähigkeit hilft einer Führungskraft deutlich, eigene Ideen ohne Gewalt und Konflikte umzusetzen.

Menschen mit Profil werden leichter erkannt und bleiben länger in Erinnerung.

Ausleitung

Auch das Unsichtbare kann richtig sein

Liebe Leserin, lieber Leser, das vorliegende Handbuch kann aus einem großen Themenbereich nur beispielhafte Schwerpunkte beleuchten.

Wer sich den Themen Wahrnehmung, Verzerrung, Konformität intensiver widmet, wird schnell feststellen, wie tiefgreifend und vielfältig diese Bereiche unser tägliches Leben beeinflussen.

Sie konnten einen deutlichen Einblick in diese Materie gewinnen. Nicht immer ist im Soft Skills-Bereich von ‚richtigem' und ‚falschem' Verhalten zu sprechen.

Vielleicht genügen diese beiden Wörter nicht, um die Vielfalt darzustellen. Möglicherweise sind sogar zwei gegenseitig ausgerichtete Verhaltensmuster richtig.

Sie haben die Entscheidungsfreiheit, den Weg oder die Wege zu wählen, die für Ihr berufliches (und privates) Fortkommen vorteilhaft sind.

Überlegen Sie – entscheiden Sie – handeln Sie!

Nicht nur das Sichtbare entspricht der Wahrheit – das Unsichtbare möglicherweise auch.

Guten Erfolg mit Ihrem Wissen und Ihren Fähigkeiten.

Alles Beste bis zu einem möglichen ‚Wiederlesen' in einem anderen Ratgeber unserer Reihe „Das kleine Rhetorik-Handbuch [2100]".

Horst Hanisch

Stichwortverzeichnis

Knigge als Synonym

Umgang mit Menschen

Suche weniger selbst zu glänzen, als andern Gelegenheit zu geben, sich von vorteilhaften Seiten zu zeigen, wenn Du gelobt werden und gefallen willst.

Adolph Freiherr Knigge, aus dem Buch „Über den Umgang mit Menschen",
1788
(1752 - 1796)

Schon zu seinen Lebzeiten war Adolph Freiherr Knigge (1752 – 1796) umstritten. Knigge setzte sich durch sein energisches Eintreten für die Ziele der Aufklärung, so wie er sie verstand, scharfen Angriffen aus. Er arbeitete als Romanschriftsteller und Satiriker sowie als politischer Schriftsteller. Er gehörte den Freimaurern an. Heute ist Knigge vor allem seines Buches wegen ‚Über den Umgang mit Menschen' (1788) bekannt. Und zwar deswegen, weil sein Werk als Etikette-Buch angesehen wird.

Das große Missverständnis

Knigge verdankt seinen heutigen Ruf und Erfolg aber einem Missverständnis. Denn: Das Werk Adolph Freiherr Knigges gilt als Etikette-Buch ersten Rangs. Allerdings beschreibt Knigge keine Regeln wie mit Besteck umzugehen ist oder das Verhalten bei Tisch, stattdessen offenbart er eine praktische Lebensphilosophie im Umgang mit Mitmenschen. Er gibt Anleitungen und Anregungen, wie mit seinen Mitmenschen richtig umzugehen ist. Knigge hoffte damit, dass die Menschen glücklich und froh miteinander leben könnten. Sein Buch erschien 1788 und war schon kurze Zeit in fast allen Haushalten zu finden. Auch über 200 Jahre nach Erscheinen prägt sich sein Buch im Bewusstsein der Leser als praktisches Handbuch über gutes Benehmen ein.

Über den Umgang mit Menschen

In drei Teilen seines Buches hat Knigge über den Umgang mit verschiedenen Menschengruppen geschrieben, zum Beispiel:

- Über den Umgang mit Leuten von verschiedenen Gemütsarten, Temperamenten und Stimmungen des Geistes und des Herzens (Erster Teil, 3. Kapitel)
- Über den Umgang mit Frauenzimmern (Zweiter Teil, 5. Kapitel)

- Über die Verhältnisse zwischen Herrn und Dienern (Zweiter Teil, 7. Kapitel)
- Über das Verhältnis zwischen Wohltätern und denen, welche Wohltaten empfangen; wie auch unter Lehrern und Schülern, Gläubigern und Schuldnern (Zweiter Teil, 10. Kapitel)
- Über den Umgang mit den Großen der Erde, mit Fürsten, Vornehmen und Reichen (Dritter Teil, 1. Kapitel)

Knigge heute als Synonym für Umgangsformen

Obwohl es heute klar ist, dass Knigge anderes verfolgte, als wir unter seinem Namen verstehen, soll ‚Knigge' als Synonym für den Bereich stehen, dem sich das vorliegende Handbuch widmet.

Wir behandeln das Thema Kommunikation in seinen Details. Ist das nichts anderes als der Umgang mit Menschen?

Gerade davon ausgehend, dass die zwischenmenschliche Kommunikation einen immensen Einfluss auf das Wohl und Gedeih eines Einzelnen nimmt, passt dieser Ratgeber gedanklich zu den Ideen des Freiherrn Knigge.

12 Ratgeber in der kleinen Knigge-Reihe

Der kleine ... -Knigge ²¹⁰⁰ (Je € 9,70; 88 Seiten, 12x19 cm, kartoniert)

Anstands- und Banausen-...	Interkulturelle- und Auslands-...
Business- und Kunden-...	Bewerbungs- und Vorstellungs-...
Büro- und Kollegen-...	Event- und Feste-...
Gäste- und Gastgeber-...	Gastro- und Tischsitten-...
Gesellschafts- und Freunde-...	Speisen- und Exoten-...
Outfit- und Stil-...	Trinkkultur- und Getränke-...

12 x kleines Handbuch der Rhetorik 2100

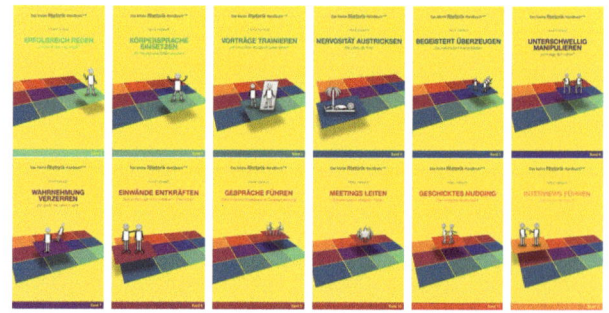

Der kleine Handbuch der Rhetorik ²¹⁰⁰ (Je € 9,70; 100 Seiten, 12x19 cm)

Erfolgreich reden	Wahrnehmung verzerren
Körpersprache einsetzen	Einwände entkräften
Gezielt trainieren	Gespräche führen
Nervosität austricksen	Meetings leiten
Begeistert überzeugen	Geschicktes Nudging
Unterschwellig manipulieren	Interviews führen

4 Ratgeber in der Ego-Management-Reihe

Jeder Ratgeber € 14,90, 104 Seiten, A5
Persönlichkeits-Management – Ego-Knigge 2100 Soft Skills, Selbst-Reflexion und Selbst-Bewusstsein

Stress-Management – Ego-Knigge 2100 Lampenfieber, Stressoren, Gerüchte, Mobbing, Burnout, Stressvermeidung
Zeit-Management– Ego-Knigge 2100 Umgang mit der Zeit, Organisation von Arbeitsabläufen, Perfektionismus, Zielsetzung
Gedächtnis-Management – Ego-Knigge 2100 Gehirn, Intelligenz, Schwachsinn – Hochbegabung, Gedächtnis, Lerntechniken

4 Ratgeber in der Reihe Lebenseinstellung

Jeder Ratgeber € 12,95, 160 Seiten, A5
Aberglaube-Knigge 2100 Von schwarzen Katzen, der linken Hand des Teufels und den Glücksbringern

Lügen- und Egoismus-Knigge 2100 Überleben durch Flunkern, Schummeln und Täuschen! Macht, Respekt, Wertschätzung? Lebenslüge und Lebensschutz
Glücks-Knigge 2100 Vom Glücklichsein, positiven Denken und von Freundschaften
Angst- und Optimismus-Knigge 2100 Die Furcht beherrschen, Ängste nutzen und positiv durchs Leben gehen

3 Ratgeber Bräutigam, Braut, Brautpaar

Bräutigam-Knigge 2100 Verlobung und Polterabend, Schwiegereltern und das Ja-Wort, Hochzeits-Outfit und Hochzeits-Kutsche
Braut-Knigge 2100 Brautkleid und Accessoires, Das große Hochzeitsfest, Höhepunkte und Hochzeitstanz
Brautpaar-Knigge 2100 Historisches und Sonderbares, Planung und Organisation, Aberglaube und Hochzeitsbräuche
Jeder Ratgeber € 15,90, 104 Seiten, A5, kartoniert

2 Ratgeber Selbst-Coaching

Jeder Ratgeber € 12,95, 120 Seiten, A5
Selbstbewusstsein Knigge 2100 Ich bin, ich kann, ich will. Das eigene Leben bestimmen, Soft Skills, The Winner 1
Selbstwertgefühl Knigge 2100 Steh auf! – Werde aktiv! – Zeige Profil! Das eigene Leben beeinflussen, Motivation, The Winner 2

Leben und Lifestyle

Das kleine Knigge-Quiz [2100] € 9,70; 96 Seiten, 12x19 cm, kartoniert
Jugend-Knigge [2100] Knigge für junge Leute und Berufseinsteiger, €
15,90; 152 Seiten
Zukunfts-Knigge [2100] Verfall der Sitten und Verlust der Wertschätzung?
Umgangsformen in 100 Jahren. Zusammenleben mit Menschen, Maschinen und menschenähnlichen Robotern, € 14,95; 172 Seiten A5 kartoniert
Hochzeits-Knigge [2100] Hochzeitsbräuche, Geschenke, Brautjungfer,
Trauung, Festgäste und Festmahl, € 29,95; 310 Seiten A5
Ü65- und Senioren-Knigge [2100] Die junge Alten und die alten Jungen,
Kommunikation und Verständnis zwischen den Generationen, Einsamkeit
und technischer Fortschritt, € 19,95; 180 Seiten A5
Blumen-Knigge [2100] Historisches, Mystisches, Festliches, Blumen-Sprache, Umgang mit Blumen-Präsenten, € 19,95; 144 Seiten A5
Bekleidung! Ausdruck der Persönlichkeit – Lukas' Outfit-Knigge
[2100], € 19,95; 196 Seiten A5
Nudel-Knigge [2100] Himmlische Teigwaren, € 17,95; 140 Seiten A5
Der Interkulturelle Kompetenz-Knigge [2100] Kultur, Kompetenz, Eindrücke – Gesten, Rituale, Zeitempfinden – Berichte, Tipps, Erlebnisse, €
29,95; 240 Seiten A5
Wertschätzung-Knigge [2100] Gleichberechtigung, Gender und Respekt,
Sexuelle Orientierung, Umgang bei Diskriminierung und Mobbing, €
14,95; 152 Seiten A5
Dschungel-Knigge [2100] Umgang in ungewohnter Umgebung, € 23,95;
192 Seiten A5
Der Dicke-Knigge [2100] Aus dem prallen Leben des Dicken, € 15,90; 104
Seiten A5
Typisch Frau – Typisch Mann Knigge [2100] Unterschiede und Gemeinsamkeiten im Umgang mit dem anderen Geschlecht, € 12,95; 128 Seiten
A5
Kulinarischer und Gastronomischer Knigge [2100] Von Events, Feiern,
Aperitif über Esskultur, Speisen und Getränken zu zeitgemäßen Tischsitten, € 26,50; 284 Seiten A5
Klo- und Pinkel-Knigge [2100] Vom privaten und öffentlichen Bedürfnis -
Umgangsformen im Tabu-Bereich, € 13,50; 104 Seiten A5
Omi hüpf' mal Märchen meiner Großmutter, Erlebnisse ihre Jugend und
wahre Geschichten meines Vaters von und über Omi Rickchen, Hardcover, € 29,95; 312 Seiten
Der Hunde-Knigge [2100] Umgang mit dem Hund – Hundesprache – Der
Hund in der Gesellschaft, € 17,95; 180 Seiten A5
Welcome to Germany-Knigge [2100] Umgangsformen, Verhaltensmuster
und gesellschaftliches Miteinander im deutschsprachigen Europa, €
11,99; 108 Seiten A5
Besuch willkommen Knigge [2100] Einladung, Gast, Geschenk, Empfang,
Feier, Gastfreundschaft, € 14,95; 200 Seiten A5
Leben, Tod und Ansichten Austausch mit Berühmtheiten über Wichtiges und Unwichtiges im Leben, € 12,95; 116 Seiten A5
Leben, Tod und Überlegungen Austausch mit Berühmtheiten über
Größe, Ewigkeit und Spaß im Leben, € 12,95; 116 Seiten A5
Tod, Trauer, Totenkult-Knigge [2100] Sterben, Trost, Takt, Bestatten,
Tradition, Vorsorge, Tabus, Vergänglichkeit und Sonderbares, € 17,95;
212 Seiten A5

Leben und Lifestyle

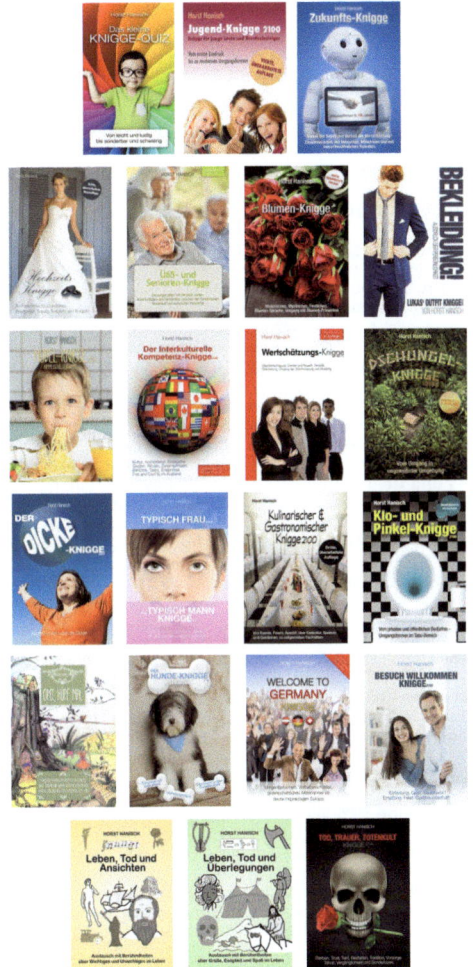

Rhetorik, Soft Skills, Hochschule, Beruf

Rhetorik ist Silber Von den ersten Schritten zu einer perfekten Präsentation, € 17,90; 144 Seiten A5, kartoniert, Zeichnungen
Moderation ist Gold Gesprächsführung, Umfragen, Talkrunden und Manipulation, € 17,90; 144 Seiten A5, kartoniert, Zeichnungen
Lebhafte Körpersprache in Vorträgen, Präsentationen, Gesprächen, € 17,90; 144 Seiten A5, kartoniert, ca. 290 Zeichnungen
Rhetoric – Mastering the Art of Persuasion, € 22,90; 144 Seiten A5, kartoniert
Discussion – Mastering the Skills of Moderation, € 22,90; 144 Seiten A5, kartoniert, Zeichnungen
Body Language in Europe, € 22,90; 144 Seiten A5, kartoniert, ca. 290 Zeichnungen
Körpersprache – Lüge, Verrat, Macht, Im Beruf, vor Gericht, beim Flirt – Gewinnerpose und Demutshaltung – Drohung und Zuneigung; € 29,95; 364 Seiten A5, kartoniert, über 400 Zeichnungen
Das große Buch der Rhetorik [2100] Tacheles reden; Präsentieren; manipulieren und überzeugen, € 37,45; 332 Seiten A5, kartoniert, viele Darstellungen
Trickreiche Rhetorik [2100] Psychologische Gesprächsführung, manipulierende Darstellung, unaufdringliches Nudging, € 37,45: 300 Seiten A5, kartoniert, Zeichnungen
Soft Skills-Knigge [2100] Soziale, Persönlichkeit, Selbstmanagement, € 37,45; 324 Seiten A5, kartoniert, viele Darstellungen
Schlagfertigkeit-, Spontaneität-, Stegreif-Knigge [2100] Impulsiv handeln, verbale Angriffe kontern, Störungen entwaffnen, € 13,50; 104 Seiten A5
Pitch Skills und Überzeugungs-Knigge [2100] Elevator Pitch, Geldgeber beeindrucken, Feuer versprühen, € 13,50; 128 Seiten A5, kartoniert
Smalltalk-Knigge [2100] Vom kleinen Gespräch bis zum charmanten Flirt - Kontakt ausbauen, Sympathie zeigen, Begehrlichkeit wecken, € 13,50; 100 Seiten A5
Quassel-Knigge [2100] Quasseln, Quatschen, Quengeln oder Lebenswichtige Kommunikation – Gezielt eingesetzte Rhetorik – Aussagekräftiges Profil zeigen, € 13,50; 112 Seiten A5
Hochschul-Knigge [2100] Studentischer Umgang in und außerhalb der Hochschule am Beispiel der Cologne Business School, 132 Seiten A5, kartoniert, Fotos
Jugend-Karriere-Knigge [2100] Schule und Studium, Netzwerk und Klüngel, Erfolg und Risiken, € 19,95; 224 Seiten A5, kartoniert, Zeichnungen, Checklisten
Bewerbungs-Knigge [2100] **für Frauen – Tina bewirbt sich / Bewerbungs-Knigge** [2100] **für Männer – Tom bewirbt sich**, Vorbereitung, Wahl der Kleidung, Verhalten beim Bewerbungsgespräch, je € 19,70; 128 Seiten A5, kartoniert, Fotos, Checklisten
Kreativitäts-Knigge [2100], Visionärhaft denken, Scheuklappen sprengen, Mentales Risiko eingehen, € 14,95; 164 Seiten A5, kartoniert
Team und Typ-Knigge [2100], Ich und Wir, Typen und Charaktere, Team-Entwicklung, € 14,95; 128 Seiten A5, kartoniert, viele Darstellungen
Die flotte Generation Y im 21. Jahrhundert, selbstbewusst – lebensbetonend – flexibel. Wie mit der Generation Y zielorientiert und erfolgreich gearbeitet werden kann, € 12,95; 116 Seiten A5, kartoniert, Zeichnungen
Die flotte Generation Z im 21. Jahrhundert, entscheidungsfreudig – effizient – eigenverantwortlich. Wie mit der Generation Z zielorientiert und erfolgreich gearbeitet werden kann, € 12,95; 140 Seiten A5, kartoniert, Zeichnungen

Rhetorik, Soft Skills, Hochschule, Beruf

Englisch:

Beratung, Coaching, Seminar

Wer hat nicht gerne mit Menschen zu tun, die selbstbewusst und selbstsicher mit anderen Menschen umgehen?

Geschäftspartnern, die die elementaren Regeln des ‚Benimms' beherrschen, stehen die Türen zum Erfolg offen.

Unternehmen, die neben ihrer fachlichen Leistung auch ‚menschlich' überzeugen wollen, bieten wir für ihre Mitarbeiterinnen und Mitarbeiter aktives Training im Umgang mit Kunden, Gästen, Kollegen und Gesprächspartnern an.

Auf unserer Website informieren wir Sie über unsere Angebote:

- Firmen-Internes-Training
- → Business-Etikette und das Lehrmenü
- → Präsentieren, Moderieren, Kommunizieren
- → Körpersprache und ihre Geheimnisse
- Offen ausgeschriebene Seminare
- → Teuflische Rhetorik
- → Flottes Reden vor und zu anderen
- → Der erste Eindruck

- → Ladies Power
- Individuelles Einzelcoaching
- → Authentisches Auftreten
- → Dress for Success
- → Verhandlungstechniken
- → Persönlichkeit
- Interkulturelles Training
- Freundlichkeits-Checks in Unternehmen
- Workshops

- → Soft Skills
- → Team-Training
- → Intensiv-Training für TV-Auftritte
- → Vorträge
- → Präsentationen
- → Reden
- Fachliteratur und Arbeitsunterlagen
- Vorträge/Speaker
- → Vor kleinem und vor großem Publikum

Individuelles Coaching für Einzelpersonen: Und, wer es ganz individuell mag, greift zurück auf ein Einzel-Coaching. Hier werden ganz persönliche Herausforderungen angegangen, mit Themen wie:

- Interkulturelle Kompetenz
- Selbstsicheres Auftreten
- Präsentations-Techniken
- Erfolgreiche Verhandlungsführung

- Der Erste Eindruck
- Bewerbungstraining
- Rhetorik und Überzeugungskraft

und andere Themen – direkt auf die besonderen Bedürfnisse des Einzelnen zugeschnitten. Besuchen Sie uns auf www.knigge-seminare.de